無睡意哲學

由前蘇格拉底到德國觀念論

01哲學

商務印書館

無睡意哲學 —— 由前蘇格拉底到德國觀念論

作　　者：顧永龍　葉雯德　方露茜　馮百駒
　　　　　潘澤翊　黎子元 (01 哲學團隊)
協力作者：謝昭銳　程爾騫　劉又仁　周毅宗　李敏剛
設計及插圖：Moe Cheng
責任編輯：張宇程
出　　版：商務印書館（香港）有限公司
　　　　　香港筲箕灣耀興道 3 號東滙廣場 8 樓
　　　　　http://www.commercialpress.com.hk
發　　行：香港聯合書刊物流有限公司
　　　　　香港新界大埔汀麗路 36 號中華商務印刷大廈 3 字樓
印　　刷：美雅印刷製本有限公司
　　　　　九龍觀塘榮業街 6 號海濱工業大廈 4 樓 A 室
版　　次：2019 年 9 月第 1 版第 3 次印刷
　　　　　© 2017 商務印書館（香港）有限公司
　　　　　ISBN 978 962 07 5742 6

Printed in Hong Kong

目錄

梁文道

代序

我覺得整件事都很奇怪，香港竟然有媒體專門開設一個版面、一個小組談哲學，從哲學出發介入今日香港的文化、社會、政治和生態。當然，我是一個讀哲學的人，時至今日，我仍喜歡讀哲學。所以，見到這件事，我感到很開心。

哲學對於今天的香港來說，最重要的作用就是提供一套思考問題的方法。然而，更加重要的也許是，讓我們懂得如何正確地發問，或者有想像力地，問出一些我們以前不當作是問題的問題。我們這些讀哲學的人，如何將發問的方法、態度、想像力和創意，還有思考問題的不同路徑，一起注入香港社會呢？

希望「01哲學」這個平台，在當下的處境中，可以提供一個空間。一方面，大家有所承擔，承擔此時此刻香港的命運。另一方面，通過這個空間，永遠保留一種批判的、和自己對話的可能性，一種打開自身，面向他者的可能性。

為甚麼我對01哲學有這樣的期許？除了這是一個由一班有心的年輕人做出來的平台，除了它集結了一班如此有能量的本

地年輕人，並且連結了本地和世界各地的年輕人與人文知識分子，更重要的是，你做的事不會為你贏得名利，甚至會令你遭人白眼，淪為笑話。

但你從事的工作本身，無論是寫詩、寫小説、做音樂、舞蹈還是劇場，甚至研究哲學，它本身就是你得到的最大獎賞。所以，如果你在香港當一位詩人，你就是一位真正的詩人；如果你在香港當一位小説家，你就是一位真正的小説家；如果你在香港研究哲學，你就是一位真正的哲學家。因為，除了哲學，除了小説，除了詩和思想之外，你沒有任何回報。至少，你不能期待有任何回報。

在這種狀況下，香港文化有一種窮而後工的精神和態度，我希望大家永遠不要忘記香港文化的這種精神。而在今天掀起的本土浪潮之下，我們要有耐性，有耐得住孤獨與無人理會的態度，堅持理性的、知性的、與自己對話的、批判自己的態度。

這就是我對01哲學的最大期許。

黎子元
01哲學主編的話

大家有碰過這樣的經歷嗎？倘若讀到一本寫得精彩絕倫的哲學書，直教人手不釋卷，到了睡覺前還在讀，因為讀得太起勁、太興奮了，待到閉上眼睛打算睡覺的時候，那些概念啊、邏輯啊、論點啊、還不能解決的問題啊，就會滿腦子亂竄，輾轉反側了好幾個小時，以至於睡意全無，只好爬起來寫筆記，又或者乾脆接着讀下去好了。

如果有過這樣的經歷，你自然會同意，哲學原來是可以「無睡閱讀」的！但大概也有讀者要表達不同意見：我讀哲學讀着讀着就犯睏，所以才安排在睡前來讀，bedtime reading 嘛。

2016年8月，01哲學網站開始運營。當時，編輯團隊策劃了「無睡意哲學」欄目，隨即又將其定名為「無睡意哲學課」，原本就是想嘗試用一種「bedtime story」的輕鬆形式「講授」哲學。然而，從初期「一天介紹一個哲學概念」的設定，到隨即澄清了發展思路，制定出「課程」要從西方哲學源頭談起，從而勾勒出哲學史脈絡的方案，再到如今和商務印書館攜手，出版「無睡意哲學系列」實體書，已經成為01哲學其中一個品牌欄目的「無睡意哲學」，的確經歷了許多次轉變。

回顧「無睡意哲學」的每一次轉變，其實都源於01哲學編輯團隊對於只停留在現狀感到不滿足。

從「一天一概念」到「哲學史」，「bedtime story」逐漸被脈絡梳理和學理闡釋所取代，只因我們認為一個新生的哲學頻道要從根基做起，「哲學講授」應該做得更加深入、到位。於是就有了每週發佈五篇文章處理一個特定時期具有代表性的哲學流派，整個課程橫跨了十五個星期、合共九十九節的「無睡意哲學課」線上內容。

而從線上內容再到實體書出版，只因我們感到網站上的文章還不能盡如人意，於是就馬上動手修訂了篇目和標題，對每一篇文章進行了重寫。這就讓原本只是將既有內容出版成書的輕鬆項目，瞬間轉變成必須在有限時間內（其間我們還須同時兼顧頻道運營）將「無睡意哲學」重鑄再造的繁重工程。這個工程就讓編輯團隊真正體驗到甚麼是「無睡意哲學」：除了「無睡閱讀」，還有「無睡寫稿」、「無睡編輯」！

「無睡意哲學系列」的第一冊經商務印書館印行，在2017年夏天新鮮出爐。是次與商務印書館攜手，也是一次探索線上平台與出版機構如何互補、協作的全新嘗試。而我們編輯團隊的所有努力只為了向廣大讀者奉上一部真正精彩的哲學書。儘管對有的讀者而言，閱讀哲學書曾是一種令人發睏的

體驗，借助手上這部《無睡意哲學》，我們何不試試看，它能否帶給我們一種無睡意的哲學閱讀體驗呢？

這部書的出版不但讓我們有機會反思一些根本問題：

在當今香港社會的獨特氛圍下為甚麼要讀哲學？
一個新媒體頻道如何將哲學——它的歷史、問題、精神——向廣大用戶介紹？

藉由01哲學自身的新穎性，這部書的出版更向大家提出了新的問題：

香港哲學新媒體頻道能為本地喜愛哲學甚至有志以哲學為業的年輕人提供甚麼？

「無睡意哲學」的年輕作者們屬於香港哲學學人的新世代。這個新世代的成長與香港本地哲學專業的未來發展命運與共。經歷這一趟「無睡意哲學」鍛煉，於他們自身而言已是大有裨益。而從他們在思考、討論和寫作中呈現出來的對於哲學史脈絡的重視，對於當代哲學問題意識的關注，以及共同分享的某些哲學立場，不禁引人遐想，在不久的未來，當代哲學學派是否會在香港出現？

如果從0到1是一場最激進的變革，那麼01哲學頻道甘願為香港的哲學新世代竭盡所能，只為了那被判定為「不可能」的終有一日實現。在這個意義上，《無睡意哲學》就不僅僅是一部哲學入門書，它是一個奮力從舊事物中掙脱出來的雛形，承載着理想與未來。

第0章

甚麼是……

EP01　甚麼是形而上學？

在哲學家最擅長談論的事物裏邊，有些東西無法用手指指着，說：「看，這就是我正在談論的」。而這些無法被直接指出來的東西，卻可以是在背後支配萬物運行的基本原理，可以是那些能被直接指出來的事物的真正根源。而研究這些原理和根源的學問，就是**形而上學**（Metaphysics）。

儘管二千多年前的古希臘已經有哲學，但「形而上學」一詞的首次出現，還要到亞里士多德逝世多年之後。他的第十一代門徒安德羅尼庫斯在整理他的文稿、講義與筆記時，將他觀察和討論自然現象之變化發展規律的著述編成一部書，取名為 Physics，即「自然」，又稱「物理學」。此外，亞里士多德還有一系列著述，討論物理性質背後的、無法被經驗感知和被直接觀察到的抽象概念與原理。安德羅尼庫斯於是將之整合成書，放在「自然」這部著作之後，取名為 Meta-physics。Meta 除了表示「在……之後」，同時還有「**超越**」（transcendent）的意味。當這部書被翻譯到拉丁語系時，Metaphysics 便兼有了超越自然、形而上的意思。

簡而言之，「形而上」指的是「無形」，無形是因為形而上之物超出了人類經驗可感的範疇。但這並不意味着人們對於形而上的事物無法有任何認知。古希臘哲學家指出，感知和認知是兩碼子事，人們靠感官感知不了的，可以用理性思維去認知。因此，這些無形的事物就成了形而上學研究的對象。根據研究對象的不同，metaphsyics 和 phyiscs 就成為兩門相對的學問。

縱觀形而上學的發展，其最典型的特徵就是以尋找世界的本源為任務，即尋找一個所有自然現象的統一的基礎，這個基礎又完全地超出自然現象之外。而這個本源也叫「**始基**」（arche）。

亞里士多德曾表示，既然獲取知識是人類的偉大事業，那麼在發現每一事物的「為甚麼」，即把握它們的最初原因之前，人們是不應該斷言自己已經認識了這些事物的。他認為必須存在一個「**第一因**」（prima causa），這個「第一因」能夠產生其他事物，但自身卻不為其他事物所產生——如若不然，它就不是「第一因」。亞里士多德賦予這個「第一因」很多名稱，例如實體、神、不動的推動者。亞里士多德把探討萬有原理的形而上學稱為「第一哲學」，這個名稱足以顯示形而上學的顯要地位。

中世紀的基督宗教神學和阿拉伯三哲人吸收了古希臘哲學的第一因、真正存在者、最終實體等形而上學概念，並把它們

比附作上帝，即萬物的終極原因和真正的存在者，進而對上帝的不同屬性，例如全知、全能、全善給出規定。

近代哲學家笛卡兒看待形而上學的態度，基本上跟古希臘哲學家一致。他把學科體系比作一棵大樹，形而上學是樹根、物理學是樹幹、其他學科是樹枝。通過「普遍懷疑」，笛卡兒確立了「我思」作為知識絕對不可動搖的基礎。他進而論證心靈和物體只是相對實體，神才是絕對實體。絕對實體是獨立自存的，不可能有比它更高的東西能夠產生它，相反，其他事物的存在都依賴於神。總而言之，神是所有事物的終極原因和基礎。可以說，笛卡兒哲學的終點成了斯賓諾莎哲學的起點。斯賓諾莎指出，實體是「自因」，意思是它不以其他事物為原因，而只以自身為原因。斯賓諾莎進而把實體等同於神。

近代「主體哲學」的興起應該歸功於笛卡兒，而「主體」的拉丁文subjectum就可解釋為「**基礎**」、「**基底**」。**德國觀念論**（German idealism）的代表哲學家康德繼承了笛卡兒的主體哲學傳統，並實現了認識論的「哥白尼式革命」。為了說明「人類的認知如何可能？」，他突出了認識主體的主動性，任何認識的材料都要經過主體加工才能成為知識。同時，他的思想還暗指一種超出人類認知形式的絕對之物——康德稱之為「物自身」。康德的批判哲學，啟迪了後來的費希特、謝林、黑格爾。

EP02 甚麼是知識論？

人類能夠獲得知識嗎？知識是否與事實相對應？檢驗知識的標準是甚麼？討論這些問題的就是知識論。**知識論**（Epistemology）是研究人類知識的真確性、可能性及其範圍的一門學問。經過了康德的批判哲學，它如今最關心的問題為：知識的必要充分條件是甚麼？知識的來源及邊界在哪裏？

在古希臘阿波羅神廟有一句著名的箴言：「認識你自己」。蘇格拉底在街頭與人談話，經由反覆的問答一步一步使對方承認自己的「無知」，而承認自己的無知也就是認識自己的起點。如果對於蘇格拉底來說，獲得知識需要反求諸己，柏拉圖則根據超出人類感官經驗之外的「理型」來建立知識體系。他認為物理世界只是完美理想世界的摹本，人類若要獲得真確的知識，就需要靈魂對於永恆、不變、完美的「理型」進行回憶。亞里士多德則提倡與老師不同的另一套學說，認為我們心靈中原本甚麼知識都沒有，對外在事物的一切知識都是首先由感官提供素材，再經過我們心靈中的認識能力進行加工所得。

到了啟蒙運動的時代，知識論逐漸成為當時主要的哲學範疇，其核心問題歸結為對於「知識真確來源」的考察。理性主義和經驗主義是當時哲學界的兩大學派，前者強調理性思考是獲得知識的途徑，後者主張感官經驗是知識的來源。然而，兩大學派的學說都無法彌合外在與內在、主觀與客觀之間不可逾越的鴻溝。直到康德將這兩派的爭議調和下來，他將「理性」與「經驗」整合，並且提出了有關「認知能力」的研究，哲學史上稱為認識論的「哥白尼式革命」。

不過康德哲學卻因為殘留了不在知識範圍之內的「物自身」概念，而備受往後的觀念論哲學家批評。謝林和黑格爾有一個共同的理論前提：一切認識在本質上都是自我認識。謝林在《維爾茲堡體系》開篇拋出「所有知識的第一個前提是：認識者和認識的對象是同一個東西」。至於黑格爾在《精神哲學》則宣告「精神的所有行為都僅僅是對於它自己的把握，所有真正的科學的目的僅僅是，精神在天上和地下的一切東西中都認識到它自己」。

於此，德國觀念論真正處理了在認識活動中主體與客體如何達成一致的根本哲學問題。如果主體與客體絕對分離，兩者之間原本就毫無關係，那麼主客達成一致也就是不可能的。同樣的，如果「一致」是需要借助第三者來扮演中介，那麼這種外在於知識的東西，它自身的可能性又該如何論證？事實上，知識倘若是可能的，那麼主體和客體之間就必須相互

聯繫，而且有交互作用。然而，黑格爾在《精神現象學》的導論犀利地批駁了這種「交互作用論」仍舊只是一種二元論。唯一可能的立場就是主張主體與客體之間的「絕對同一性」，即兩者在本質上只是同一個東西，「自我」、「理性」、「絕對者」、「精神」、「上帝」都只是從不同方面或不同環節來陳述同一個對象。因此，認識過程就是從這個唯一的真實存在出發，最後在更高層面上復歸到這個唯一的真實存在的過程，其間一切差異和對立都僅僅是這同一個東西演化出來的現象。這個過程就是辯證法。

德國觀念論的「絕對同一性」立場不但和斯賓諾莎哲學相契合，更為當代激進的「內在性」哲學奠下基礎。哲學的思想運動得以在真正意義上復歸其原初指令：認識你自己！

EP03　甚麼是倫理學？

倫理學（Ethics）是系統地思考和研究道德問題的一門學問，所以它也被稱為道德哲學。具體來說，倫理學探討的問題就是如何判斷道德方面甚麼是好與壞、對與錯、正義與邪惡，如何界定甚麼是美德與惡行。換言之，倫理學即是對「怎樣的生活才是有道德的？」、「我們為甚麼要過這樣的生活？」、「依據甚麼法則來判定一種生活是否道德？」這些問題的思考與探究。

西方倫理學的源頭可以追溯到哲學問世之前的希臘文學。希臘神話、荷馬史詩、赫西俄德敘事詩、伊索寓言等希臘文學皆有描述倫理問題的情節。簡單而言，「倫理」這個詞在古希臘文意指風俗習慣，包括某個特定社會羣體的傳統、習俗、禮儀、制度、律法和行為規範等領域。

在倫理學的語境下，**「倫理」**（ethics）和**「道德」**（morality）時常可以被互換使用。然而，西方文化脈絡下關於「倫理」和「道德」的理解，其實與我們對這兩個概念的理解並不一致。

黑格爾就曾對「倫理」和「道德」作了區分，並且指出從古至今有一個從倫理到道德的過渡。在古希臘時代，隸屬於同一個城邦的人們根據城邦固有的風俗來判斷甚麼是正當的，這種標準就是倫理。隨着人類社會發展，羣體間交往日益頻密，僅僅以羣體自身的倫常習俗作為評判好壞、對錯的標準就變得越發困難了。在康德的時代，他的道德哲學的問題意識就是如何為人類道德活動奠定普遍基礎——這個普遍基礎就是理性。在康德道德哲學建立之後，近代的人們便開始根據「我的知識」或者說「我的理性」來評判甚麼是正當的。

至於黑格爾的一項哲學任務則是促使從道德向倫理的復歸，而且這種復歸必須在更高層次上實現。他在《法哲學原理》中寫道：自康德以來「出現了一個轉向內心的趨勢，要在自身內部尋找、並且通過自身來認識和規定，甚麼是正當的和善的」。康德極端地向內心探尋判斷善惡的標準，等同於將「主觀自由」推至頂點。黑格爾指出，康德哲學從人的自身內部尋得一個絕對標準（儘管他就停留在這個環節，致使他的哲學成了空洞的形式主義），恰恰為重新通往倫理作好了準備。在重新復歸的倫理這裏，主觀環節與客觀環節獲得統一，從道德達至這個更高階段的倫理，就是「精神」的必然發展。

EP04 甚麼是美學？

美在生活隨處可見，對於美好，我們彷彿非常熟悉，但仔細思考一下，又覺得它無比陌生。很多人想要搞清楚甚麼是美、到底美在哪裏，於是亟需一門研究美的學科，而這門學科就是**美學**（Aesthetics）。

美學作為哲學的一門分支，從人對現實的審美關係出發，研究審美的客體，例如造型藝術、語言藝術等；美的不同形態，例如自然美、藝術美、形式美、內容美；人的審美心理、審美意識的產生及其本質；美的創造及規律，如藝術的創造規律、鑒賞標準；美學的範疇，例如美、醜、崇高、悲劇性、喜劇性的本質。

「美學」一詞，最早在 1735 年由德國哲學家**鮑姆嘉登**（Alexander Baumgarten）在《關於詩的哲學沉思錄》一書中提出。1750 年，他正式出版《美學》一書，提出建立「美學」這門學科。在鮑姆加登看來，人的感覺認識能力所能達到的完善境界就是「美」。

傳統哲學家認為由感覺認識所得來的知識，只是一些不清晰的感覺，例如對於同一個對象，各人的感覺可以有所不同，而且感覺的清晰程度也有高低。相反，理性以概念把握事物，理性認識具有普遍性及必然性；因此，理性思維是高級的認識能力，感覺認識是低級的認識能力。不過，鮑姆嘉登仍然主張設立一門學科專門對感覺認識進行研究。他更認為感覺認識也可以趨於完善，而完善的感覺認識帶來的就是美。鮑姆嘉登除了為美學正式命名，為美學劃定了範圍外，還提出哲學由美學、邏輯學和倫理學三者構成；換言之，鮑姆嘉登認為美學是哲學的一個必要分支。

西方美學的思想源頭

美學學科的歷史不等於全部美學思想的歷史。美學學科在十八世紀中葉才建立起來，這並不代表關於美的思考在十八世紀才出現。美學的建立只是一個近代事件，其歷史只有短短的二百五十多年，但西方美學思想卻源遠流長。

西方文明的源頭可以追溯到希臘精神和希伯來精神。在希臘文明中，美是一個至高無上的理念，古希臘的雕像、建築、史詩、悲劇和喜劇令無數人為之傾倒。希臘人是一個非常崇尚美的民族，曾經以「高貴的單純、靜穆的偉大」概括古希臘藝術精神的德國藝術學家**溫克爾曼**（Johann Winckelmann）指出，沒有任何一個民族像希臘那樣使「美」

享有如此高的榮譽。事實上，希臘人認為真、善、美三者乃人生最高目標，人應當努力追求。希臘哲學家提出的美學思想是現代美學的思想源頭，例如畢達哥拉斯指出「美就是和諧」；柏拉圖提出「美」是無形體的、超凡脫俗的理型，人們不應再讓心靈於黃金、衣服等世俗之物裏打轉。亞里士多德在《詩學》中提出，藝術是對現實的模仿，另外他亦對悲劇的演出細則，如時間、地點、情節等都進行了討論。總的來說，在希臘哲學家看來，美既是超出現世的理型、又呈現在現實的藝術活動中，美更與真和善乃至一切事物相關。

除了希臘文明外，西方另一個源頭是希伯來文明。如果說希臘人為西方人帶來哲學思性，希伯來文明則為西方帶來了宗教精神，宗教精神是美學思想的另一個重要來源。自羅馬帝國宣佈基督宗教為國教後，基督宗教便成了西方人生活各方面的指導思想。基督宗教的主要教義，例如一神論、創世論、天堂與地獄、神的大能等均對西方人的美學思想產生影響。當人們沉思外界時，發現自然界規律有序，使人不能不驚嘆於整個自然界所呈現的和諧之美；自然世界的崇高現象，被視為上帝大能的體現，因而產生了崇高這個美學範疇；當人們轉向自己的內心，通過默禱與上帝接觸時，會產生例如**出神**（ecstasy）、狂喜、迷幻等神秘的審美體驗，中世紀時流行的密契主義便是重視此類神秘經驗的宗教派別。

作為學科的美學形成

西方經過文藝復興、宗教改革的洗禮後，一些本來由宗教神學掌管的美學範疇，開始被歸還給人。文藝復興和宗教改革動搖了教會的權威。在這個時期，人們開始嘗試繞過教會，回到中世紀以前的古希臘文明，尋找古希臘的審美旨趣和美學思想，以期獲得思想啟發。於是，哲學家、藝術家和科學家恢復了希臘美學中以現實世界為對象的傳統，崇尚自然美和人體美。但這個時期的研究仍側重於文藝美學，尚未出現較為嚴密的美學體系。

在十七世紀時，歐洲出現理性主義和經驗主義兩大思想陣營的對壘，兩者不單在認識方法上，還在美學的審美標準方面進行交鋒。經驗主義美學主張人的知識建立在感官經驗之上，肯定感覺認識的重要性。反映在美學思想上，經驗主義美學認為審美「口味面前無爭論」，各人有自己的審美標準，因此沒有甚麼好爭辯的；而理性主義美學則認為人擁有清楚明白的觀念，所以總有一些理性概念可以作為分析對象是否美的標準，例如對象是否符合黃金比例。兩派關於美的鑒賞是否建立在概念之上發生了尖銳的衝突，之後，康德在《判斷力批判》一書中嘗試調和兩派的對立。儘管經驗主義和理性主義在審美問題上鬧得不可開交，但當兩派的哲學家發現人的感性、理性等認識能力足以解釋美學的範疇，例如美的本質、來源等，便不再過多以宗教角度出發解釋美學的

範疇。但這不代表宗教對美學不再有影響，即使到了二十世紀，仍有哲學家從宗教的角度進行美學研究。

十八至十九世紀亦是西方美學發展中的重要階段。在這個時期，人們對於經驗主義和理性主義的思想著作已有不少詳盡的研究，加上當時的思想氛圍尚算寬容，因此湧現出不少關注美學的思想家、文藝學者、藝術家，他們提出了許多重要的美學觀點、命題和範疇。著名的英國經驗主義思想家**伯克**（Edmund Burke）在《論崇高與美麗概念起源的哲學探究》探討了「崇高」這個美學範疇。他指出美的對象是引起愛或類似情感的對象，它帶來一種愉悅、吸引的感覺，相反，崇高的對象則會引起恐懼。

美學進一步深化

第一個對美學進行系統性研究的人是德國哲學家康德。他在1790年出版了《判斷力批判》，發現了美與人的情感密切相關。而且，康德相當系統地研究了美的四個特徵，指出審美判斷雖然是個人主觀的判斷，但仍具有普遍性。康德還從伯克手上接過「崇高」的概念，大大擴展其內涵，並區分了「數學的崇高」和「力學的崇高」。此外，康德把人們審美時產生的崇高感，和道德上的情感聯繫起來加以探討，希望從中找出審美的崇高感和道德情感的類似之處。康德在書中試圖調和經驗主義美學和理性主義美學的對立。有趣的是，

康德還提出了「天才」的概念，指的是天賦的藝術創作才能，這個概念被後來興起的德國浪漫主義加以發揮。

繼康德後，德國觀念論的哲學家們也對美學給予了充分的關注，繼續深化了關於美學的討論。謝林非常重視藝術，更聲稱哲學大廈的拱頂石就是藝術哲學，因為藝術能夠把很多對立的範疇，例如意識與無意識、精神與自然等重新統一、連接起來。與謝林同時代的哲學家，以理性主義著稱的黑格爾亦相當重視美學的地位，更對美學的定位、對象、結構、內容、任務依次作出闡釋。其中，他特別提到德文中的「美學」這個詞並不足以涵蓋美學這門學科的廣度與深度，因為這個詞的準確含義僅僅是研究感覺和情感的科學，他認為美學應該被叫作「藝術哲學」或「美的藝術的哲學」。美學的對象就是廣大的美的領域，它的範圍就是藝術，更準確地說是美的藝術。

黑格爾還提到了美學的研究方法，他認為把經驗和理念結合起來，才能達到對美的完備認識。黑格爾綜合經驗和理念兩種研究方法後，緊接着對「美」作出了一個著名的定義：美就是絕對精神（理念）的感性呈現，意思是絕對精神把自己顯現在現實可為經驗感知的存有物之中；而能夠承擔起顯現絕對精神的感性存有物，就是藝術，因為藝術品就是能夠表達藝術家創作理念的素材。

EP05　甚麼是宗教哲學？

宗教作為一套不以經驗來論證的信仰，如何接受理性思辯活動的審視，如何與哲學互動、結合出一門「宗教哲學」呢？**宗教哲學**（Philosophy of Religion）的工作是要以理性的態度對宗教進行研究，解釋宗教現象背後的根源與秩序。更具體而言，宗教哲學就是利用哲學的觀點和概念來解釋、論證宗教的教義與學說，思考、研究宗教的基本問題，如宗教的本質、規範、世界觀、道德觀、宗教的語言以及象徵意義等。不過，宗教哲學卻不是隨同宗教的出現而產生的。

作為一種文化形態，宗教的產生在時間上先於哲學，並對哲學影響甚深。從古希臘到中世紀，宗教相對於哲學佔據主導的地位。在這個「神學役使哲學」的時期，自然不可能出現一門以哲學思考來研究宗教的宗教哲學。一方面，古希臘神話中具有形而上學意味的問題和一些神秘宗教的教義與後來的希臘哲學關係密切，如荷馬的史詩中和赫西俄德的《神譜》中都能找到關於宇宙萬物的起源問題，**奧菲斯教派**（Orphism）相信靈魂不朽和輪迴轉世的思想，則影響了畢達哥拉斯、柏拉圖，而亞里士多德更把自己的形而上學思想宣佈為「神學」。

另一方面，自羅馬帝國宣佈基督教作為國教到中世紀，神學的首要問題是如何證明上帝存在，倘若無法證明上帝存在，整個宗教及由宗教維繫的社團就會有崩解的危險。神學家要費煞思量論證上帝的存在，既然要進行論證，就涉及理性、邏輯的運用。恰恰在這點上，神學家將哲學視為論證工具，實際上是把哲學當作神學的工人和奴僕。神學家**達米安**（Petrus Damiani）便提出「哲學是神學的婢女」，而托馬斯·阿奎那則試圖利用哲學來論證上帝的存在。他出色地運用哲學邏輯方法，在《神學大全》中提出了著名的五路論證，被公認為理性神學的重要代表。

十六至十七世紀，歐洲興起了文藝復興和宗教改革運動。稍後，歐洲終於迎來了理性主義思潮，標誌着哲學初步掙脫教會的掌控，贏得一片小小的思考空間。這個時期的哲學家，當他們的思想和宗教教義發生衝突時，往往會宣稱自己的哲學和教會是一致的。他們亦喜愛把神作為自己的研究對象，儘管哲學家口中的神和教會的神根本是兩碼子事。以笛卡兒、斯賓諾莎和萊布尼茲為代表的理性主義哲學家一一登場。其中，斯賓諾莎明確把自己哲學的研究對象確定為神。他指出從本質上來說，只存在一個實體（即神），這個實體無所不包，整個自然就是神的表現——此立場被人們稱為「泛神論」。總的來說，斯賓諾莎開啟了以理性檢視宗教現象和思想的範例，凡宗教典籍中不合理性的都應該加以批判。斯賓諾莎對後來的德國觀念論哲學家謝林、黑格爾影響甚深。

進入十七至十八世紀，歐洲出現了啟蒙運動，哲學家現在敢於獨立地運用自己的理性，把世間上所有事物置於自己的理性法庭下，檢驗其合理性。最先提出「宗教哲學」，並以此為一門學問進行獨立研究的哲學家是康德。康德對於宗教的思考，主要着眼於宗教能夠促進個人的道德完善這個面向。他在《純粹理性批判》中指出，「上帝」這個概念超出了人類的感官經驗和思想概念，因此人類不可能對它有任何知識。但康德並沒有因此就摒棄了上帝、靈魂這些宗教概念，他轉而認為這些概念對人類的道德實踐有莫大的幫助。他於是在《實踐理性批判》把上帝當作實踐理性的公設來接受，由此規定了宗教的本質在於為道德服務。

康德和斯賓諾莎的理性主義開啟了後來的德國觀念論思潮，和康德一樣，德國觀念論的哲學家們對宗教亦給予了充分關注，甚至反過來把宗教當作哲學的其中一個必要的研究對象。宗教哲學是黑格爾整個哲學體系的組成部分。在他的諸多著作中，黑格爾分別論述了宗教哲學的研究對象、方法和內容，並分析了宗教哲學與哲學及神學的關係。黑格爾指出，宗教哲學的對象是上帝，是以理性為方法對上帝這個絕對理念進行研究。在內容上，宗教哲學研究上帝的諸種內在規定，例如上帝自身所包含的有限與無限規定等。

十九世紀以後，歐洲各國經濟普遍急速發展，不少新學科先後登場，例如歷史學、心理學、社會學、語言學等。隨着經濟急速發展，世俗化成為一股潮流，研究宗教哲學的人也不一定必須有宗教信仰。不同學科的出現，為宗教哲學的研究提供了更多的切入點和思想資源。到了二十世紀，宗教哲學在世界各地的院校成為一門獨立學科。隨着全球化進程，各地的文化交往活動日趨頻繁。有人認為宗教哲學的研究對象除了基督教思想外，也應該包括猶太教思想、伊斯蘭教思想、道教思想、佛教思想、婆羅門教思想等。人們亦開始關心宗教之間的互動，如衝突、合作及兼容的問題。

第1章

古希臘哲學

古希臘哲學

前蘇格拉底時期

EP06 自然哲學 **032**

畢達哥拉斯（580BC-500BC）

米利都學派

泰勒斯（624BC-546BC）
阿那克西曼德（610BC-546BC）
阿那克西美尼（570BC-526BC）

巴門尼德（5BC）

赫拉克利特（540BC-480BC）

624 BC ●

612BC 600BC 588BC 576BC 564BC 552BC 540BC 528BC 516BC 504BC 492BC 480BC

德謨克利特（460BC-370BC）

恩培多克勒（490BC-430BC）

● 322 BC

468BC 456BC 444BC 432BC 420BC 408BC 396BC 384BC 372BC 360BC 348BC 336BC

蘇格拉底（469BC-399BC）

柏拉圖（427BC-347BC）

亞里士多德（384BC-322BC）

前蘇格拉底時期：自然哲學

西方哲學的起源 ── 米利都學派

古希臘哲學的出現，是人類思想史上一次壯麗的日出。它標誌的是人類理性思維的覺醒，我們開始以理性思考，而不再用神話來解釋世間萬物。在前蘇格拉底時期，古希臘人傾向以諸神的互動解釋事物由來，例如在赫西俄德的《神譜》中，初代希臘諸神交合，就有了不同神祇；諸神之間產生紛爭，就有了天災人禍；開啟潘朵拉魔盒，我們就有了邪惡；三位女神爭奪金蘋果，就成了特洛伊戰爭的導火索等。其中，神諭又可以解釋命運的必然性，伊底帕斯注定要弒父娶母，無論走得多遠，最終還是敗給了宿命。但自從古希臘哲學出現後，人類就開始運用自己的理性來審視世界。

根據亞里士多德的描述，早期的哲學研究者們都從自然出發來解釋世界的本源。接下來，我們將要追溯到米利都學派的三代學者，他們是西方哲學史上最早的哲學家。三代的哲學家都在自然世界中尋求答案，希望通過尋找世界的「始基」來解釋宇宙從何而來。而研究宇宙萬物起源及其生滅變化的學問，就是「**宇宙論**」（Cosmology）。

被喻為「西方哲學之父」的泰勒斯提出，萬物的本源是水。在亞里士多德看來，重要的不是這個命題的對錯，而是他得出這個命題的途徑——通過觀察和推理，而非猜度、想像和相信來得出這個命題。亞里士多德認為，泰勒斯的推論可能來自於以下兩個觀察：第一，萬物都以濕潤的東西為養料，就連熱也從濕氣中產生，又靠濕氣維持；第二，所有種子——事物的原初形態——都有潮濕的特性，而水是潮濕的由來。水滋潤着種子，種子得以生成。

泰勒斯的學生，阿那克西曼德也嘗試解釋世界的本源，而他的回答更加抽象。他不再將經驗世界裏有形可見的事物視為世界本源，而提出本源應該是「**無限者**」（apeiron）。所謂無限者，就是沒有界限、沒有限制、沒有規定、沒有定型的東西。他這樣說：可以產生有形事物的東西，自身也不可能有任何規定吧！他不同意將水、火、土、氣等具體的事物作為世間萬物的本源。「無限者」的提出，標誌着人類的思維漸漸脫離感官經驗的限制，進入抽象事物的範疇。

阿那克西美尼是米利都學派的第三代代表人物，他與阿那克西曼德亦師亦友。對於世界的本源是甚麼，他走了一條中間路線——是「氣」。「氣」比「水」更趨近無限，因為氣有極強的可塑性，在濃縮和稀釋的狀態可以形成不同事物，稀的時候是火，濃的時候是風，再濃的時候就是水。「氣」相對於「無限者」又有一定的具體規定，而不是純粹抽象的虛無縹緲。

人不能踏進同一條河流兩次 —— 辯證思維

米利都學派之後，愛菲斯的赫拉克利特亦致力於研究宇宙論，並認為世界的本源是「火」——所謂世界，就是一團不停燃燒的火，不為任何神所創造，也不為任何人所創造。它的過去、現在、未來都只不過是團永恆的火，在一定的分寸上燃燒，在一定分寸上熄滅。所有事物也只是火不斷轉換而成的形態而已。

火具有變動的性質。他認為火沒有固定的形體和邊界，由活火產生的萬物亦因此運動變化。他舉了無數例子來說明萬物始終不停運動變化，最著名的即是「人不能踏進同一條河流兩次」。當我們再次踏進「同一條」河流時，原先的河水早已流走了。赫拉克利特「一切流動」的思想受到後世很多哲學家的推崇。後來，他的學生克拉底魯把「一切流動」的思想絕對化，認為「人一次也不能踏進同一條河流」，因為一切都處於剎那生滅，全無定性，變幻才是永恆。

火的燃燒不是恣意妄為，而是依據一定分寸。因此，火不只體現了變動的性質，還體現了規律和尺度。由此，赫拉克利特引入了「邏各斯」這個在西方哲學史上非常重要的概念。在希臘文化中，**「邏各斯」**（logos）是一個含義相當廣泛的概念，在不同的語境下，它可以表達規律、理性或者言說等意思。赫拉克利特很看重「規律」這個意思，認為萬物雖然不停流變，但其變化有規律可循。

然而，把握「邏各斯」，或者說認識規律，其實並不容易。赫拉克利特認為「自然喜歡躲藏起來」，僅靠感官，是不可能認識「邏各斯」的，更需要人類運用理性加以把握。赫拉克利特指出，智慧只在於一件事——認識那善於駕馭一切的「邏各斯」。他的「智慧」，就是與感覺認識相對的理性認識。

在赫拉克利特看來，事物變化的其中一個規律就是服從「對立統一」原則。簡單地說，「對立統一」即是指兩個相反、相互排斥的東西結合為一。赫拉克利特指出自然界也追求對立，以相異的事物來製造和諧的統一體，例如雌雄相配，上坡路與下坡路都是同一條路。赫拉克利特以樂曲為例，說明「對立統一」的思想：不同的音調才能譜寫出最美最和諧的動人樂章。

赫拉克利特的「對立統一」並不只是簡單地將相互對立的東西並置和結合，對於一眾早期的希臘自然哲學家而言，他們致力於探求世界的本源，始終關心本源如何產生一切事物和一切事物如何返回本源的問題，前者指由一下降到多，後者指由多上升到一。在這個意義上，單單使兩個相反的東西結合為一是不夠的，我們還要認識兩個相互排斥、相互反對的東西，從根本上而言其實是同一個東西。對立的東西之所以能夠統一，正是因為它們有共同的本源。這才是赫拉克利特「對立統一」的真正意義。我們應該超出單純的二元對立，

把握那個凌駕於兩者之上的更高的本源，這個在數目上是「一」的本源其實就是赫拉克利特津津樂道的「邏各斯」。簡而言之，一即是全，全即是一。

如此一來，我們就可以理解赫拉克利特看似荒誕的話，他表示，神是白晝又是夜、是冬又是夏、是戰又是和、是盈又是虧，連善與惡也都是同一回事。對立的雙方相輔相成，沒有其中一方，人們就不能理解另外一方，所以，「對立統一」的另一個意思就是我們無法離開某個事物的對立面去理解這個事物。以疾病理解健康、從壞事理解好事、從飢餓知道飽足。赫拉克利特思想的深刻之處還在於他指出對立的雙方能夠互相轉化，生和死、醒和睡、少和老，都是統一。

畢氏定理的始祖 —— 一切都是數學

對宇宙起源感興趣的還有畢達哥拉斯學派，他們通過對音樂和數學的研究，提出了數學是萬物本源。他們在從事數學研究時，發現自然界的所有事物及其運作都符合某種數學規定，例如在天體運動中，各個星體的速度、距離、大小和運動軌道之間都有一定數學關係。他們由此推論一切事物都以數學為範本。以數學為萬物的本源，相較於感性事物，其實高了一個層次，這反映出人類的思維能力進一步提高，開始由具象思維轉向抽象思維。數學是非感性、超感性的東西，雖然看不見摸不著，但是它確實存在，而且可以被思考、把握和運用。

數學之所以能夠作為所有事物的本源，是因為它比其他有形可見的感性事物更具普遍性。只有普遍存在於一切事物中的東西，才有資格成為世界的本源。對於畢達哥拉斯學派而言，一切事物都有數學規定，點、線、面、體、量、比例等，都必然存在。

根據第歐根尼・拉爾修的記載，畢達哥拉斯學派認為從點產生線，從線中產生面，從面中產生體，從體中能夠產生經驗世界中的諸多可見形體。

存在者存在，不存在者不存在

對於赫拉克利特而言，一切流動，萬物常新。由於他強調事物不停變動，所以說出很多甚為怪誕的言論，例如我們踏進又踏不進同一條河流，同時存在又不存在等。位於意大利南部愛利亞學派的巴門尼德對赫拉克利特的「變動」思想相當不滿，認為這種思想使人們甚麼也學不到。

巴門尼德指出有兩條研究路徑，第一條是存在者存在；第二條是不存在者不存在。他特別強調第二條路徑，因為你無法認識不存在者，甚至無法說出那是甚麼。凡可以被言說，可以對其進行思考的，都是存在的，「不存在」根本不可能被言說和被思考。如果你要想像一種「不存在」的東西，你會想像甚麼，是黑暗嗎？但黑暗也是存在的，宇宙的虛空也是存在着的——你無法想像任何一種「不存在」。

他繼而指出，存在是永恆的，它既不會被生成，也不會被消滅。因為生成和消滅，涉及由非存在到存在，以及存在到非存在的轉化。如果說存在是被生成的，我們就要在存在之前，肯定某種非存在——但這是不可能被設想的。在這個意義上，巴門尼德的存在是一個連續的「一」。如果我們要區分兩個「存在」，就需要指出它們之間的空隙，即「非存在」。但空隙從純粹抽象的層面來說，也是「存在」，因為它和由它所隔開的那兩個事物，一樣都是「存在」。

既然否定了「非存在」存在，運動變化因而也被一併否定，因為運動變化同樣涉及到由「非存在」到「存在」、「存在」到「非存在」的變化，但「非存在」不存在，所以運動變化就無從談起。我們在日常生活中看到的事物運動變化只是現象層面的活動，但在純粹抽象的層面上，整個世界根本沒有發生任何生滅變化。如上所言，存在填滿整個宇宙，不留任何空隙，這就意味着沒有任何運動空間。這樣說來，否定變化運動是巴門尼德推崇存在、否定非存在的必然後果。

四根說 —— 火、氣、土、水

繼米利都學派、畢達哥拉斯學派、愛利亞學派以「一元論」，即單一的基質來解釋世界的本源後，古希臘的哲學家們開始傾向「多元論」。來自阿克拉加城邦的恩培多克勒，提出以火、氣、土、水四種物質元素解釋萬物起源，後人把

這個思想稱為「四根說」。恩培多克勒的「多元論」思想，預示了「原子論」的出現。

根據恩培多克勒的描述，世界萬物的生滅變化源於四元素的結合與分離。四元素結合，萬物即生；四元素分離，導致毀滅。在恩培多克勒看來，人的生死亦只是四種元素之聚散的體現而已。不過僅僅知道這個還不夠，這套理論尚需要解釋四元素為何會有運動。於是他認為除了四元素外，世界上還存在兩種力量：愛與恨。愛衍生結合，恨導致分離。

恩培多克勒的認識論和他的宇宙論思想關係相當密切。人也是由四種元素組成的，所以人和外界事物擁有相同的物質基礎。正因如此，人能夠認識外界事物。這個思想就是著名的「同類相知說」：只有彼此具有相同性質的東西，才能互相認識。他舉例，人的眼睛具有水分和熱度，當眼睛的水、火元素和實際存在於外界的水、火元素接觸時，就會產生感知。基於「同類相知說」，人們只能憑藉身體內的火元素認識火，土元素認識土，而不能夠以火認識土，以此類推。

恩培多克勒把人和外界接觸的過程描繪得相當細緻，真可謂是大膽假設，細心論證。他指出外界的事物，例如火會發出流射粒子，而人的身體具有眾多極細小的孔道，容許同類的流射粒子進入眼睛，與眼睛裏的火元素接觸，這就是為甚麼我們能形成火的視覺影像。

凌亂地碰撞 —— 以原子論解釋世界

德謨克利特認為原子和虛空是世界的兩個本源，兩者同樣客觀實在。原子解釋了事物為何存在，而虛空則解釋了事物為何運動。原子是組成一切事物的最基本元素，原子一詞在古希臘語中就有「不可分」的意思。它非常堅固，因而不能被毀滅或改變，它在數量上是無限的，並且處於漩渦運動中。原子之間的結合，形成了火、水、土、氣四種基本物質。世間萬物因原子的結合而生，因原子的分離而消滅。

原子自身是實心的，而虛空則是空洞的空間，是原子運動的場所。虛空不是絕對的非存在，它的非存在只是相對於原子而言。如果沒有虛空，那麼原子之間就不可能被區分開來，也沒有空間可以運動，從而聯結成其他複合物。正因為肯定了虛空的存在，原子的運動才成為可能。

那麼，「原子」究竟如何組成世界上多姿多彩的事物？原子論者認為原子之間存在形狀、次序和位置的不同。這些形狀各異和大小不同的原子在虛空中凌亂地運動，彼此之間發生碰撞，繼而形成漩渦。在這個大漩渦裏，不同原子的結合形成了世界上所有千差萬別的事物。

蘇格拉底 Socrates (469BC-399BC)

公元前469年出生於雅典一個普通的自由民之家，父親是雕刻匠，母親是產婆。

當時雅典文化氛圍濃厚，年少的蘇格拉底不僅學習雕刻，還修習過音樂、幾何、算術、天文等學科，打下了良好的自然科學知識的基礎。

在青壯年時期，他的才華已經開始享譽雅典，他與當時雅典的學者名流有很多來往，其中包括一些著名的智者，逐漸地，他身邊開始聚集一批來自雅典和外邦的追隨者。

在生命的最後幾十年，蘇格拉底作為雅典城邦的公民，一共三次參加戰爭。

公元前399年，因政治思想與當局不合被處死。

如果說智者運動將希臘哲學的重心從研究自然轉到研究人和社會，那麼蘇格拉底則是將這種轉折建立在理性主義哲學基礎的開路人。智者的研究立足於感覺論相對主義，在理論和實踐上都有不確定性和消極後果。而蘇格拉底則深入反思作為主體的人自身的本性和理性思維，發掘人的理智能力。哲學從直觀和不自覺的邏輯思維，轉變為自覺地考察人的理性和認知能力，並宣揚一種開拓人類知識大道的科學理性精神。正是在他的影響下，他的學生柏拉圖和再傳弟子亞里士多德構建了博大精深的哲學體系，希臘古典哲學最光輝燦爛的全盛時期得以降臨。

EP07 蘇格拉底：無知之知

從天上回到人間

古希臘哲學發展到蘇格拉底時期，經歷了一次重大轉折。前蘇格拉底的哲學家們探討世界從何而來，回到哪裏去、世界的始基為何，又如何衍生等。根據蘇格拉底的學生色諾芬和柏拉圖的記載，他年輕時也曾熱切地研究自然哲學，希望知道事物產生、存在和消亡的原因。

當時的蘇格拉底認為研究自然哲學是很高尚的事業。但當他對大多數天上和地下的事物進行一番考察後，他猛然驚醒——憑着個人有限的理智，從事這種研究，根本不可能。另一邊廂，他又覺得研究自然哲學會使人遠離日常事務。當時仍有不少哲學家及智者熱愛猜測世界的本源是甚麼，蘇格拉底則指出選擇這種思考對象的人相當單純，有時還有點愚蠢。每當遇上自然哲學家和智者，蘇格拉底馬上就問：你已經很了解人類了嗎？抑或質問，你們完全不管人事，而對天上的事情妄加猜測，這還算是哲學家的本分工作嗎？

蘇格拉底經常感到很奇怪，因為自然哲學家和智者們竟然看不出自己所研究的問題是根本無法解決的。而且他們對於同一個問題，例如組成世界的最基本元素是甚麼，也無法達成一致看法，經常是眾說紛紜，莫衷一是。

無知之知

在《申辯篇》中，蘇格拉底表示人應該知道自己無知。他的朋友曾跑到德爾斐神殿問神，最聰明的人是誰。女祭司傳下神諭表示：沒有人比蘇格拉底更聰明了。最初蘇格拉底並不明白，因他知道自己並不擁有智慧。

不過他心想，如果能找到一個比自己更聰明的人，就可以到神殿提出異議了。於是他就走訪了一位著名的政治家。蘇格拉底和他談話時，覺得他並不如傳言中那樣具有智慧。蘇格拉底意識到雖然自己和他一樣都沒有智慧，但不同的是，蘇格拉底清楚知道自己一無所知，而後者並不。蘇格拉底向那人表明，他的智慧其實根本不是智慧。如此一來，蘇格拉底便樹立了第一個敵人。

接下來，蘇格拉底到處奔波，先後訪問了詩人和工匠，發現他們都有一個共通的毛病，他們對自己的專長十分了解，但並不擁有智慧。最後蘇格拉底得出了結論——只有神才擁有智慧，人的智慧沒甚麼價值。先前的神諭，只不過是以蘇格

拉底為例告訴人們，最聰明的人應像蘇格拉底一樣，明白自己的智慧實際上毫無價值。他終於明白神諭的意義，所有人其實並不擁有真正的智慧，而神之所以覺得蘇格拉底聰明，只是因為蘇格拉底有「無知之知」，而其他人卻沒有。

哲學家的接生術

蘇格拉底在探討知識的過程中，習慣利用一問一答的方法：通過詰難對方讓回答者陷入苦思，從而承認自己無知，於是願意加深對探討問題的了解，這才能慢慢接近真理，猶如助產士接生一般。而蘇格拉底的接生術催產的是人們早已蘊藏在自身中的思想和知識，他把這個方法命名為「接生術」。據說他的母親就是一名助產士，蘇格拉底覺得自己和母親也有相通之處，因為他所從事的，無非是一種精神的接生術。

蘇格拉底的精神接生術與無知之知有相當密切的關係，他在《泰阿泰德篇》裏說過：就算我自己不生產知識，也可以幫助別人。在《美諾篇》中，蘇格拉底再次使出接生術，通過一步步向不識字和沒有文化的奴隸提問，最後讓他算對了數學題。

蘇格拉底雖然承認自己沒有智慧，但這並不表示他毫無用處，他表示自己擁有的問答技藝能夠幫助別人知道得更多。那些與他為伴的年輕人，在不斷展開的答問中，全部都取得了很

大的進步。在柏拉圖的對話錄中,蘇格拉底先後和不同的人探討勇敢、正義、美、愛等概念,但全部都沒有確定的結論。

亞里士多德曾表示,有兩樣東西可以歸功於蘇格拉底 —— 歸納論證和普遍定義。蘇格拉底在問答中,試圖利用歸納法為各種倫理概念下定義。例如在《拉凱斯篇》中,蘇格拉底先列舉出勇敢的不同表現,然後試圖從眾多個別的實例中歸納出勇敢的普遍本質。由特殊上升到普遍,這就是蘇格拉底最常使用的歸納法。

依靠問答法不可能使人擁有完全的知識,只能夠無限地迫近真理。這也是因為真正的知識屬於神,永遠都不可能被人佔有。正如「哲學家」的意思是「智慧的朋友」,**Philosopher**的意思是**愛好智慧的人**,他們並不是智慧的佔有者。如此說來,智慧從來不可以被窮盡,這激起了後世哲學家投身於哲學思考的熱情,繪出了一章又一章哲學發展的詩篇。

美德,就是知識

「美德即知識」是蘇格拉底較為重要的思想,而把美德看作知識或智慧,正是蘇格拉底在哲學史上一個非常重要的創見。蘇格拉底認為,如果一個人自稱知道一件事是善,但又不去實現,這說明這個人並不知道這件事的好處,亦即沒有

關於這件事的知識。相反，一個人知道甚麼是善的話，他必然會行善，因為知道甚麼是善又不去行善，是自相矛盾的。

蘇格拉底的「美德即知識」強調知行合一。在蘇格拉底看來，真正的知識一定包含實踐。例如，如果一個人具有建築的知識，但永遠只是講理論，從未建造過一間房子，那他就算不上建築師。「美德即知識」的觀點把知識和實踐緊密地連繫起來。真正能夠實踐這個觀點的人，也許就是蘇格拉底。當蘇格拉底被判死刑時，他的朋友們紛紛勸他逃走，然而他還是拒絕了。蘇格拉底寧可承受不正義的懲罰，只因他在知道甚麼是正義之後不能再做違背法律的、不正義的事情。

Plato 柏拉圖
(427BC-347BC)

公元前427年生於雅典的一個名門望族，屬於梭倫的第六代後裔。

原名Aristocles，但體育老師見他身軀宏偉、前額寬大，給他改名為柏拉圖，有「寬闊體魄」的意思。

青少年時期受到良好教育，熱衷於文藝創作，據說寫過讚美酒神的詩篇32首，另外還有一些悲劇作品。

20歲成為蘇格拉底的學生，並深得蘇格拉底的器重。他開始學習和研究哲學，確立了自己的政治志向。

蘇格拉底死後，外出遊歷12年，並利用遊歷所得創辦學園。

三次前往西西里請求君主實踐他的政治藍圖，均以失敗告終，「哲人王」的夢想破滅。

柏拉圖批判地總結了在他之前的希臘哲學與文化成果，構建了一個以理念論為中心的宏大哲學體系。他不僅深刻闡發了以理念為核心範疇的本體論、知識論等學說，而且緊密聯繫希臘城邦奴隸制文明由盛轉衰時期的現實問題，在政治哲學、倫理道德等領域都有獨創性的思想貢獻。他的哲學對於希臘、羅馬時代的哲學演變，直至基督教哲學的形成都具有至關重要的樞紐地位，直接影響了亞里士多德、新柏拉圖主義、奧古斯丁和阿奎那等人。現代著名的哲學家懷特海（Alfred Whitehead）甚至說：「歐洲的哲學……是對柏拉圖的一系列注釋。」在整個西方文明進程中，他的思想的深遠影響總是不能磨滅。

柏拉圖：二元劃分，理型與感覺的兩個世界

柏拉圖以後，盡是註腳

西方哲學雖然並非始於柏拉圖，但他首次總結了前人思想，有意識地把哲學的體系與任務明確表達出來，即以嚴謹理性的方式追求真理，並且把真理確認為指導人類一切行為與情感的最高準則。柏拉圖的思想已相當完備，幾乎所有類別的哲學問題都能追溯到他身上。

不過，柏拉圖也有其時代限制，他的論述仍然摻雜着神話比喻，又因為其著作以對話錄形式寫成，有時我們很難判斷哪些言論是他所認可的。這些書寫風格使得他的思想常常被簡化、誤解、錯用。然而，又正因為柏拉圖哲學包含了許多不能下定論的空間，他在今天仍然是最有活力的思想泉源。現代哲學家懷特海認為柏拉圖之後的哲學都只是他的註腳。這固然是一種讚嘆的誇飾，但即使最反對他的人都不得不首先梳理其行文，所以我們不能僅僅把他的哲學思考當成是古人的初步嘗試，而應該更深刻地理解其哲學的複雜性。

劃開兩個世界，二元論

柏拉圖繼承了巴門尼德的思想，區分了一與多，即**存在而不變動者**（Being）與**變動而生成者**（Becoming）的對立。但在巴門尼德那裏只是限於本體論的思考，被柏拉圖推展成一套涵蓋人類一切環節的完整哲學。的確，柏拉圖哲學的每個枝節都建基於這一組二元對立，因此常常被後人稱為兩個世界理論，這也是他最受爭議和常被誤解的地方。讓我們先理解一下貫通柏拉圖哲學的二元對立是甚麼。

從不動者與變動者的對立衍生出：

· 掌握不動者的知識 v.s. 片面地理解變動者的意見；
· 通向知識的邏各斯 v.s. 只能生產意見的感性；
· 以邏各斯為原則的哲學 v.s. 操作感性的詭辯術；
· 以哲學作指導的政治秩序 v.s. 以詭辯術為方法的暴政；
· 符合秩序的正義 v.s. 搞亂秩序的不公

以上就是兩個世界：理智世界與感性世界，以及人類對待它們的差別和後果。柏拉圖本人對兩個世界的性質有清晰且一致的界定，但其哲學仍然備受爭議，因為他處理兩個世界的關係時混雜了神話論述，加上他的思想在早期與晚期有微妙的轉變。柏拉圖用以描述兩個世界關係的最重要思想便是理型論。

在理型世界裏的一匹馬

A. 為甚麼需要理型？

理型論或形式論可以說是整個柏拉圖哲學的核心。柏拉圖完全承認變動與生滅是世間萬物的共同性質，他也因此指出人的言語無法絕對準確地描述事物：當我們說蘋果有甜味、其外皮是紅色的，說話間，蘋果本身的變化——因氧化而變得酸澀發黃——已使得這句話失效。萬物的變動必定引起一個問題：甚麼是知識？柏拉圖在《泰阿泰德篇》指出有人將知識定義為人對一件事物的感受，所以只能是主觀的：一個人覺得風冷，那麼他就知道風是冷的，另一人覺得風暖，那風就被認知為是暖的。這個定義其實就是普羅泰戈拉所講「人是萬物的尺度」的意思，而且預設了赫拉克里特的流變世界觀。

由於人的感官也可以獲得假的感覺，柏拉圖反對單憑感覺就能構成知識，否則我們便落入相對主義，沒有固定的真假之分。進一步地講，如果世界只有變動的東西，而完全沒有不變動、永恆不滅的東西作對比和依據，那麼變動的東西也可以轉換成它的反面，成為不變動的東西，亦即變動的東西把自己取消了。基於這個推論，柏拉圖認為不變動的東西無論如何都存在。這些本身不變動，但能令變動性維持自己角色的東西，便是**理型（Idea，或譯理念，也可以與形式〔Eidos〕轉換使用）**。

B. 理型論的早晚期轉化

理型因為不變動、沒有生成和消滅，也沒有物質性（因為物質都是生滅的），所以它不能被感官觀察到，而只能被理智所掌握。柏拉圖對理型論的描述有經過他自己的批判與修正：他曾經在《斐多篇》、《斐德羅篇》等對話錄中說理型來自感覺世界之上的完美世界，而日常被感受到的世界只是對理型世界的**模仿**（imitate）。為了論述分離的兩個世界有甚麼關係，柏拉圖還在《蒂邁歐篇》裏建構了一個創世故事，說感官世界是**匠神**（Demiurge）參照了理型，以混沌的四元素作為材料創造出來的藝術品，而藝術品必定比參照物低等。在這個完美、不變動的理型世界中，有絕對的美、絕對的善。各種倫理價值，包括勇氣、虔敬、友愛等也在這世界中完滿地存在。此外，我們日常看到的具體東西，比如馬，有著各樣不同的色彩、大小、性情，但在理型世界中有不變的馬的理型。

如果說萬千事物都有一個相對應的理型，那柏拉圖豈不只是把經驗世界複製一次，建構出一個多餘、僵化而每樣事物都是孤立存在的理型世界嗎？在理型世界中又有沒有塵土理型、糞便理型呢？這些詰難都是對理型論的反駁。事實上，第一個批判柏拉圖理念論的正是他本人。柏拉圖在《巴門尼德篇》中刻劃了年輕的蘇格拉底與赫赫有名的巴門尼德辯論，常常以發問難住別人的蘇格拉底在這裏卻被巴門尼德

批評他哲學訓練不夠。年輕的蘇格拉底代表着柏拉圖的早期思想，巴門尼德則被柏拉圖用來借屍還魂，以建構一個更完滿的理型論：理型並非來自與感官世界隔絕的彼岸，而不過是諸事物的**共相**（universal）。共相是事物的本質，如果一物件有了某個共相，即使它同時有其他性質和變化，也可以保持一貫性，不致成為一團混沌、無可認識的東西。

比如上面提到的馬，用早期的理型論來看，好像有一頭圓滿的馬在理型世界中生存，而感官世界的雜多的馬都只是複製品，不是真馬，相比之下地位很低下，但如果用成熟的理型論來看，不單沒有這至高而獨一的理型馬，而且因為全部的具體馬都屬於同一共相，所以無論牠們毛色、年齡、健康如何變化，仍然可以被認識為馬。「馬」這個共相的屬性作為不變的「一」，不會被毛色、年齡、健康等「多」的屬性動搖，而是固定地保持其統攝力；另一方面，正因為有了「一」的不變和統攝力，我們才能確認「多」真的是某一事物的變化：如果只有「多」沒有「一」的話，我們便不能說有變化中的馬，最多只能說這裏有毛、底下有皮膚、裏面有器官等——事實上毛、皮膚和器官也是共相。假如沒有作為「一」的共相的理型去統攝雜多性，我們只能感覺到無限細分、各自獨立又稍縱即逝的原子，但根本不能描述任何事物。

早晚期理型論的關鍵性差別在於，舊的理型論中二元（一／多、共相／殊相）是相互隔絕了的兩個世界，然後透過一

些神秘方式連接起來；成熟的理型論則論證了二元是相輔相成的，亦即**辯證**（dialectic）的：一在多中，共相在具體中，理型在現實中。

三分的靈魂，所有的學習也只不過是回憶

因為柏拉圖說理型—共相是客觀的，所以有人認為即使沒有彼岸世界，理型還是好像一個物件，存在於人之外。其實理型就是人的思維能力，因此並不可以任意改變，而是按必然的規律來運動，所以理型既主觀（屬於人）又客觀（有嚴密、不能任意改變的規律）。這個主客觀的矛盾結合是靈魂的表現。（辯證法與思維的主客觀問題在黑格爾那裏被重新討論，見「德國觀念論」部分）

身體作為自然諸事物之一，有其生滅變化，身體的行動亦被其他東西所推動。人既受物理和生理需求的支配，又在社會中被其他人在權力和情慾上限制，如此說人不單不比動物高貴，反而要比牠們承受更多痛苦。但是，人有能力和意識控制自己的身體，而且有理智去掌握不可見又不會生滅的理型，所以柏拉圖認為人不能被化約為物質，而且必定有一個與物質不同的東西作為人的特質——這就是靈魂。柏拉圖提出了著名的「靈魂三分說」，即人的靈魂包含着理智、激情及慾望三個部分，分別居於頭腦、胸部和腹部。靈魂的理智部分是最本質的，甚至是神聖的，而激情與慾望雖然附屬於理智，但也可以幫助它，因為靈魂對真理的追求也需要激情

與慾望，不只靠中立無情的理智。靈魂的三分卻也使得人有墮落和邪惡的傾向：慾望貪戀具體物質，搖擺人的情緒。當慾望及理智產生分歧時，理想的情況是激情願意站在理智一邊，但如果理智沒有經過高尚的道德教育，那麼激情就會敗壞並與慾望結合反對理智。

柏拉圖靈魂論最引起爭議的地方便是「靈魂不朽說」。在《法律篇》中他說靈魂是物質運動的來源，所以比身體更先在、更高等；又因為靈魂自我運動、不被他物支配，所以是永恆、不生不死的。在《美諾篇》中沒受過教育的奴隸在蘇格拉底的引導下也能快速理解幾何問題，加上靈魂的理智部分能夠洞察感官看不見的理型，也就是說靈魂擁有一些非經驗得來的先天知識。因此，柏拉圖認為靈魂不單沒有生滅，就算其所附身的肉體消滅了，靈魂也可以按其善惡轉世；先天知識不過就是靈魂在前生所看過的東西，人的學習不過是把它們**回憶**（recollection）起來而已。（有關知識的先天性與後驗性，見本書理性主義、經驗主義和德國觀念論部分）

靈魂論與早期的理型論深深影響着後世的神秘主義與宗教思想，尤其是**諾斯底主義**（Gnosticism）、**赫耳墨斯主義**（Hermeticism）甚至是基督教和宗教式禁慾主義（尼采便是沿着反基督和反禁慾的路線批判柏拉圖）：前兩者的信徒都自稱是柏拉圖主義的延伸，他們按對話錄的字面意義，建

立了一個多神和泛靈世界，認為人可以透過靈知或通靈到達至善的世界、脫離醜惡的現世。從這方面去看，柏拉圖似乎就是一個神秘主義先驅。但如果從二元論與加上了辯證法的晚期理型論出發，我們可以理解到柏拉圖的意思就是說人是二元對立的結合：思維與感官、靈魂與身體，以及與之對應的共相與具體、不朽與生滅的對立結合。將柏拉圖視為神秘主義的人並沒有判斷錯誤，他的確認為對立中的前者比後者高級，人應該努力克服後者並追求前者；但他們無視了柏拉圖提出的追求方法與神秘色彩完全沾不上邊。對更高級者的追求是通過倫理、教育、嚴密的科學精神以及正義的政治實踐得來的。

**柏拉圖：
從美德和靈魂出發的真理**

要勉強劃分的話，理型論與靈魂論也算是形而上學與認識論的範疇，但柏拉圖的用意不僅在於論證世界是甚麼，他更希望指導人要怎麼做才能達到正義。蘇格拉底將哲學的興趣由世界轉到人本身，由物理轉到倫理，柏拉圖當然繼承了這點，但他亦超越了他的老師，因為在他的論述中，倫理問題不僅僅是屬於人自己的，還具有神聖性，與世界共享同一套邏輯。

一頭好馬，一頭劣馬，駕駛得當就是美德

柏拉圖認為不能從經驗性的準則，例如權力與快感，去定義正義和幸福，否則就會產生矛盾和顛倒。在《高爾吉亞篇》中，卡利克勒認為強者佔有更多物質和凌駕弱者就是正義，因為人的強弱是自然規律所給予的。蘇格拉底反駁道，假如羣眾聯合起來推翻統治者（而這是常見的事），弱者也就變成了強者，這豈不是說強弱和地位不是先天的嗎？而假如幸福是指慾望的滿足和快感，那麼一個不斷抓癢的人一定很幸福了。柏拉圖的論證方法好像也是一種詭辯，但如果我們貫通了二元論和理型論去理解，他其實是指出經驗性的東西

不可能被上升為絕對，而應該倒過來從理型和靈魂的本性去推導出正義和幸福的真義。（柏拉圖的論證確實容易引起歧義，類似的道德理性主義在康德一章中有詳細的解釋）

柏拉圖認為美德便是引向正義和幸福的理型、共相，但他並沒有空洞地只規定美德的形式，而是將它與靈魂三分説結合，指出最高尚而有不同作用的四樞德，即對應理智部分的智慧、激情部分的勇氣、慾望部分的節制，以及三者平衡所達成的正義。和靈魂應該被理智主宰一樣，美德也應該被智慧所駕馭。在《斐德羅篇》裏，柏拉圖便提出了一個著名的比喻來講四樞德的關係：靈魂是一台馬車，理智策騎着一匹好馬（激情）、一匹劣馬（慾望），如果運行得好便是正義。但是那匹劣馬性情強悍，不聽指令，騎馬者要不斷鞭策牠，否則好馬也會被牠影響，最後導致人仰馬翻、靈魂墮落。

柏拉圖強調的只是不能由慾望扮演主宰的角色，而並不是要消滅慾望，如此靈魂才可以維持和諧。而在和諧狀態下，靈魂和身體不會受到損害，由此便能得到真正的幸福。如果沒有理智鞭策，慾望便任意行動，人在不斷尋求慾望滿足時往往會損害自己的健康和幸福，甚至侵犯他人。作為理型的美德，人是可以透過指導和學習去理解並踐行的。

國家的靈魂，三個階層的美德

個體固然可以成為正義和幸福的人，但柏拉圖強調真正和恆久的善只能由國家整體表現出來的；事實上與個體靈魂相應的美德都是以他人為對象的，所以根本沒有純然個體的道德，倫理因而一定要通向政治。柏拉圖認為靈魂三分也表現在國家的階級分野上，理智對應統治者、激情對應護衛者、慾望對應民眾。柏拉圖不奢望每一個人都圓滿地擁有三種美德，但認為每一個階級都一定要有相符的美德才可以勝任其角色：統治者要有智慧去為國家利益作決策、教育和誘導民眾向善（為了善的結果，統治者可以講高貴的謊言）；護衛者要有勇氣支持統治者、保護城邦、誓死對抗外敵；民眾要有節制不追求過量的物質，尤其要節制跨越階級的野心，應該安於被統治和被教化的地位，按照自己的技藝來為社會生產。國家靈魂在三個階級都能符合其各自的美德時，便能夠達到正義，也可以叫作**秩序**（cosmos）。

政治必須以真理為目的，哲人王理論

因為柏拉圖說人不應跨越階級，現代有不少論者都認為柏拉圖是極端保守主義者，或者覺得他與卡利克勒沒有差別，都維持了寡頭和權貴統治；柏拉圖確實也憎恨當時的民主制，認為羣眾沒有智慧治理國家，常常被政客煽動，最後只會破壞秩序，帶來禍害。如果我們細讀柏拉圖的話，會知道他固

然是精英主義者，但他要求的精英完全不是出於血緣或政治聯繫，而是按他在《理想國》所講，由那個人的靈魂構成來決定的。一個人即使出身護衛者階級，但如果有高尚、智慧的靈魂，便應該成為統治階級；同理，如果一個人的父輩是統治者，但他沒有智慧美德，便沒有資格繼承父位，而應該下放到其他階級。柏拉圖的政治觀比較接近中國的賢人政治，但他反對一切徇私，也否定家族和祖先與個人美德有任何關係。

為了確保階級與美德的對應，柏拉圖構想出一套教育制度：羣眾必須學習生產性的技藝和服從統治，音樂、體育、數學和社會實踐也是有用的；護衛者則需要更嚴格的訓練，除了身體鍛煉外，他們也要學習愛國、不畏死亡、對敵人堅毅而對公民友愛；統治者的訓練則最艱難：那些顯示出智慧天賦的人要學習哲學、辯證法、幾何學來認識理型，更要學習國王技藝——一門讓其他技藝得以發展的最高技藝，亦即是治國術。柏拉圖更主張驅逐悲劇作家和詩人、禁絕他們的作品，因為悲傷、惡毒、沒有規限的語言會干擾靈魂的平衡，讓護衛者貪生怕死。

最教我們詫異的恐怕就是柏拉圖的社會制度。他認為由慾望主宰的統治便是暴政，因為慾望使人分別親疏、破壞城邦的整體利益。因此他要求統治者和護衛者放棄任何私有財產，以免只顧經營土地而不理國事；為了消除徇私，統治者和護

衛者也不可以有自己的家庭，妻子是共享的，所生下的孩子也不會知道父親是誰，並由國家供養教育。

這些有智慧天賦、接受了高等教育、放棄了私產，因此不會徇私，而能以國家利益為自己利益的統治者便是柏拉圖所謂的「**哲學王**」（Philosopher King）。柏拉圖認為沒有哲學王的話，也根本不會有一個和平、健康而正義的國家。很多學者取笑柏拉圖妄想讀書人能處理政治，但其實哲學王並不是指對哲學有研究的國王，也不是一個徒有良心不會做事的人，而是懂得以共相、普遍性為行動原則，又能按智慧來有效處理危機的統治者。儘管柏拉圖也意識到他的一些主張聽起來很荒謬，但我們不應只對他加以嘲諷而忽視了他的理念：政治必須以真理為目的。

Aristotle
(384BC~322BC)

亞里士多德

公元前384年出生於希臘一個世襲醫生之家，父親是當時馬其頓王的御醫和朋友。

自幼接受以希波克拉底醫派為主的醫學教育和訓練，初到雅典時曾行醫。

17歲時進入柏拉圖學園，師從柏拉圖二十餘年直至柏拉圖去世。期間，他從醉心於柏拉圖思想到形成自己的獨立見解，故有名言「吾愛吾師，吾更愛真理」。

曾在馬其頓國王腓力二世的邀請下，擔任王子亞歷山大的家庭教師。

在雅典創立呂克昂學園，經常帶着學生和朋友一邊漫步，一邊探討艱深的學問，因而得名「逍遙學派」。

著作包括《形而上學》、《尼各馬可倫理學》、《政治學》、《詩學》等。

亞里士多德的哲學與知識成就，對西方中世紀以來直至當代的西方哲學與文化都有着複雜而深遠的影響。他的哲學在中世紀鼎盛時期被托馬斯·阿奎那神學化，一度是天主教的官方哲學；文藝復興運動中的人文主義也吸取了他以人為目的的人文精神；近代西方的經驗論和理性主義傳統以及德國觀念論的綜合，都分別從他注重結合經驗觀察和理性思辨的哲學中受到啟迪；現當代的分析哲學則從亞里士多德的哲學中「尋根」。

EP10 亞里士多德：
根基與邏輯，一切都有實體

亞里士多德認為求知是人的天性，而哲學的任務就在於研究原因。他曾指出，當我們在掌握事物的根本原因之前，不能認為自己已經認識了它。所以，對於所有自然事物的產生、消滅和變化，我們都必須考察其原因。事實上，亞里士多德以前的希臘哲學家們早就對宇宙本原作出不同的探討，不過亞里士多德認為他們對於原因的理解較片面，未能形成對「原因」這個概念及其種類的清晰認識。

亞里士多德梳理過往哲學家的思想，總結出四種使事物發生生滅變化的原因，這就是著名的「四因說」。

一、「質料因」

「質料因」指構成事物存在的材料。亞里士多德指出能構成物體，而它本身繼續存在着的東西，就是「質料因」，比如構成雕像的銅、構成銀器的銀等。「質料」是惰性的，沒有完全活力的原始材料，需要經過加工才能發揮作用。例如磚塊若要變成一所房子，就需要人們對它進行加工改造。

二、「形式因」

「形式因」是亞里士多德「四因說」中的關鍵，因為「形式因」作為抽象規定，決定了事物「是其所是」的形式、模型、範本、數目比例等。例如，這塊磚塊呈現的大小，是由澆築模具的尺寸決定的。「質料因」和「形式因」的關係非常密切，因為「形式」能夠對「質料」進行定型。

三、「動力因」

「動力因」指任何變化運動的製造者或來源。亞里士多德舉例說策劃者是行動的原因，擲鐵餅的運動員手臂發力，就是鐵餅飛出的原因。一般說來，製造者是產品的原因，運動者是變化的原因。

四、「目的因」

「目的因」是做一件事的緣故。例如，我們問人們為何散步，答案是為了健康；為何進食，答案是為了飽足。依照這種邏輯，服用藥物、跳舞、早睡早起等，都是為了達到健康目的而進行的中介活動。

「目的因」與其他三個因有着截然不同的定律和地位：在時序上，三個因都比結果更早出現，而「目的因」卻是後於行動而達成，亦即是說「目的」超越現狀但吸引着現狀向它發展。因此亞里士多德非常推崇「目的因」，把它視為宇宙一切生成變化的最高原則。無論是建築工具等人工造物，還是

動植物等自然造物，都有特定的目的，都為了特定的目的
生長和存在。整個世界小至花草樹木，大至宇宙天體，儘管
各自擁有不同的運動目的，卻結成一個和諧的整體。整個世
界猶如趨向一個整體目的，這個共同的、完善的和終極的目
的，亞里士多德認為是「善」。

邏輯學，思維的規律

亞里士多德並沒有把邏輯學當作一門獨立的學科，甚至沒有
使用過「邏輯學」這個詞語。他主要的邏輯學思想散見於現
存的六篇著作當中，後人把該六篇著作合編為《工具論》，
供人們在進行哲學思考時使用。

亞里士多德的邏輯學主要研究人類的思維規律。具體而言，人
在思考時主要運用範疇、判斷和推理。範疇其實是最一般的概
念。亞里士多德在《範疇篇》中舉出了一共十種範疇，分別是：

1. 實體	人、牛、馬
2. 數量	三吋長、四隻、五次
3. 性質	黑色的
4. 關係	大於、小於、十倍於
5. 位置	在中央公園、在世界中心、在家裏
6. 時間	今天、昨天、星期四
7. 狀況	坐着、跑着、讀無睡意哲學
8. 屬有	穿衣的
9. 動作	切割、投擲
10. 承受	被打、被吻

對於為甚麼範疇不多不少剛好是十個，亞里士多德並沒有給予解釋。

範疇本身並無真假可言，只有當人們利用範疇去判斷事物時，才會有真假。人們對事物進行判斷時會涉及命題的運用，而命題又以句子的形式表達出來。例如「拿破崙是一個人」是真實判斷，「拿破崙發現新大陸」是虛假判斷。如果一個命題和所描述的事態相符，則命題是真的。

不過亞里士多德指出句子和命題有所不同——所有句子都有意義，但並非任何句子都是命題，只有那些自身可被判定為真或假的句子才是命題。而其他類型的句子，就留給修辭學或詩學等學科進行研究。

亞里士多德認為範疇和判斷實為推理活動的準備工作。推理的形式是「三段論」。亞里士多德指出三段論是一種論證方法，只要確定其中某些論斷，其他異於它們的事物便可以必然地從確定的論斷中推斷出來。「三段論」主要由大前提、小前提、結論三部分組成。例如：

所有人都會死（大前提）
蘇格拉底是人（小前提）
所以蘇格拉底會死（結論）

亞里士多德對三段論的具體操作給予了明確的說明，他指出三段論中的兩個前提，可能兩者皆為真，可能兩者皆為假，也可能為一真一假。結論也必然是真的或假的。從真實的前提中不可能得出假的結論，但從虛假的前提中卻可能得出一個真實的結論。

最重要的範疇 —— 實體

亞里士多德的實體思想並非前後一貫，他在不同地方有不同的表述。在《範疇篇》中，亞里士多德認為「實體」是只能作為主詞，而不可能作為謂詞的東西。不過稍後在《形而上學》中，他又給予「實體」另一個意思。他把「實體」理解為在變化過程中保持不變的「基質」。例如不論小明的膚色是變黑還是變白，他還是同一個小明。正因為亞里士多德在不同地方有不同的表述，令他的「實體」概念在後世引起了不少爭議。

亞里士多德首先從邏輯學的角度探討實體。他指出實體是最重要的範疇。實體不述說其他東西，而被其他東西述說。例如在「少年（主語）是（繫詞）年輕的（謂語）」這個主謂式命題中，人們可以利用「年輕的」、「好動的」、「中二病的」等範疇去述說少年，但不能以少年去述說其他範疇，例如不可以說「年輕的是少年」、「好動的是少年」等。亞里士多德也從形而上學的角度探討實體。亞里多士德由分析「是」這個字入手，他指出「是」這個字有很多不同

的含義，例如「是甚麼」和「怎樣是」。儘管「是」有多種含義，但「是甚麼」是最基本的，因為它追問的是事物的本質。當我們問某事物是怎樣時，人們會答「是白色的」，但「白色的」只表明了事物的屬性。當我們問某事物是甚麼時，人們會答「是人」、「是狗」，這就表明了事物的本質。

亞里士多德認為，當我們使用不同的範疇去表述事物時，例如說在跑、在跳、是白色的等範疇時，需要首先肯定一個承載上述這些屬性，而自身永遠保持不變的實體存在。因此，當我們說在跑、在跳、是白色的時，確切而言是指某個實體在跑、在跳、是白色。在亞里士多德看來，除實體以外的其他範疇，都不可能脫離實體而獨立存在，例如有人說在跑、在跳、是白色的時，我們會再追問，是甚麼東西在跑、在跳、是白色的？如此一來，我們就可以知道為甚麼實體是最重要的範疇，其他範疇只能夠從屬於實體。

EP11 亞里士多德：達到終極的幸福

也就剛好，中庸之道

中庸是介乎過度與不及之間的狀態，是古希臘人非常推崇的風尚。無論在甚麼領域，古希臘人總是極度推崇中庸，甚至視之為德性的標準。中庸思想亦是亞里士多德整個倫理思想的重點，他希望通過中庸來思考人類如何達至幸福。

他指出，唯有德性才是達到幸福的條件，而德性就是中庸。如果要理解亞里士多德的中庸思想，我們有必要了解他關於人類靈魂的思想。他認為人類靈魂由理性和非理性兩部分構成。非理性的部分是指人的本能和慾望，表現在行為上就是盲目而毫無節制。理性的部分具有思考、選擇和約束等功能，可以對非理性的部分進行指導，使人在個人和城邦生活中言行舉止適度，不走極端，從而成為一個有德之人。

為甚麼合乎中庸之道才是好的呢？我們可以通過幾個例子來理解。例如勇敢是中庸的表現，而過度的勇敢就會變成魯莽和好鬥，不及又會變成懦弱。比如《數碼暴龍》中的主角八神太一，他的角色象徵着勇氣，他必須在魯莽與懦弱之間取

得平衡，否則就要負上相應的後果。此外，慷慨是中庸的表現，過度就會變成揮霍，不及又會變成吝嗇。在亞里士多德看來，唯有以理性作出思考，好好約束自己的慾望和本能，使它們能夠以合乎中庸之道的方式表現出來，才稱得上是有德性。

不過，中庸即德性的原則並不適用於所有的行為，因為有些行為本身就是惡的，無論它是過度、不及還是中庸，都是不可取的。例如幸災樂禍、強暴、謀殺等。

亞里士多德也承認，在日常生活中實踐中庸之道相當不容易，需要人們終生努力學習。人們需要學習在適當的時間和場合，對於適當的人、出於適當的原因、以適當的方式，做適當的事。在一生的道德實踐當中，也必須時常以理性約束和規範自己，使行為合乎中庸，使自己成為一個有德之人，這樣才能更好地實現自己的幸福。

人如何達到終極的幸福？

亞里士多德認為人的最終目的是幸福。在希臘語裏，Eudaimonia意味着「由好的保護神所賜福」。有時這個字會被翻譯成happiness，這很容易引起誤解。因為happiness和中文的幸福容易使人認為亞里士多德所言的「幸福」只是一種感覺和心理狀態。其實亞里士多德所言的「幸福」是一種持續發揮的活動，而不是指任何滿足感和快樂感。

説「幸福」是一種活動似乎頗令人費解。其實這關係到亞里士多德對事物如何才算是「好」的理解。亞里士多德認為，任何東西之所以能被稱作「好」，只是因為它能最好地實現自己固有的功能。所以，「好」的椅子就是能夠供人坐下，只有這樣才能彰顯椅子的功能。雖然說椅子可以有很多用途，例如用來攻擊敵人（畢竟是七大武器之首）、掛衣服、玩遊戲等，不過亞里士多德則認為，這些都不是椅子的本質，只是額外附帶的功能──椅子的本質就是供人坐下。按照這個邏輯，人的本質是擁有理性，人據此與其他東西相區別。

亞里士多德認為，如果一個人能夠使自己的行為和情感都合乎理性的指導和約束，表現合乎中庸，那麼他就是一個幸福的人。亞里士多德的「功能論證明」體現了對理性的高度推崇，將理性作為人之為人的重要憑證。不過，同時，亞里士多德也沒有完全否認客觀條件的作用。他認為，人如要實現完全的幸福，也需要一定的外在條件配合。亞里士多德稱這些外在條件為「外在善」，包括健康、財富、朋友、好運等。試想，一個人如果缺乏上述條件的配合，導致大多數事情都做不成，怎能算是一個幸福的人呢？

其實亞里士多德關於幸福的思考並不是單向度的，他一方面表示幸福是自足的，取決於個人理性，並合乎中庸準則。另一方面，他又說幸福也取決於外在的環境因素。這是因為人

是生活在城邦中的動物，如果沒有外在的政治條件配合，單單依靠自己的理性，人很難達到完全的幸福。由此，亞里士多德的哲學思考便由倫理學過渡到政治學。

政治哲學

亞里士多德的倫理學關心個人的善如何實現，但個人的善不是終極目的，它要服從更高的目的——城邦的善。政治學是最重要和最具權威的學科，它規定了城邦需要甚麼學科、哪一部分人學習甚麼學科以及學習到甚麼程度。其他學科如戰術、理財和演講都只為政治學服務。政治學還負責立法規定哪些行為可以做和不可以做。換言之，政治學本身包含了所有人的行為和目的。

亞里士多德主張整體先於部分，明確把城邦置於個人之上。所謂「整體先於部分」意思是，當城邦失去了某一個公民或家庭，仍然不失為城邦。但某個人或家庭脫離了城邦，便不成為人或家庭。他指出人天生就是一種政治的動物，人類的天性中就有社會本能，一旦離開了城邦中的法律和正義，就會變得墮落。如果一個人能夠脫離城邦而獨自生活，那他要麼就是神，要麼就是獸。

那麼，城邦存在的目的到底是甚麼？亞里士多德給予了兩個答案。首先，人們僅僅為了生存，為了獲得生活的必需品，需要生活在一起，由此結成政治共同體。其次，城邦的存在

是為了促使公民追求更好更高尚的生活。不過，個人的幸福和城邦的幸福可能並不一致，到底哪個優先？

亞里士多德始終堅持整體先於部分——所有公民都屬於城邦，每個公民都是城邦的一部分，因而對自己的關心應該與對整體的關心符合一致。與其說城邦要關心每一個公民的目的，倒不如說每一個公民的目的，都是追求城邦的整體幸福。因而，亞里士多德指出，為一個人獲得善固然可貴，但為了一個城邦獲得善則更加高貴。「公民」指的究竟是誰？就是城邦政治生活中的主要群體，凡有資格參加城邦的議事和審判事務的人都可以被稱為公民。公民們必須為城邦的共同利益着想，依據自身不同的稟賦而在城邦中負起不同的職務，並恪守自己的職責。

有些人天生擁有運籌帷幄的稟賦，所以他們特別適合去當統治者和主人，而有些人則只能從事體力勞動，於是就成為奴隸。公民只有學會統治和被統治，城邦才能達到長治久安。這裏已經涉及到城邦管治的問題，亦即城邦的政治體制問題。政制問題涉及了城邦權力和官職分配等問題，其次是生活在城邦中的全體公民的共同生活方式和價值理想。例如在一個追求財富的城邦中，富人自然是具有統治資格的那一羣人。

亞里士多德列出了三種主要的政體,分別是君主制、貴族制和共和制。君主制是一人統治;貴族制統治者雖然多於一人,但仍屬於少數人統治;共和制就是多數人統治。雖然上述三個政體的統治者人數各有不同,但在亞里士多德看來,它們都以追求城邦的共同利益為目標,所以上述三種政體均是正確的政體。

統治者	正確的政體	當統治者以私人利益為目標來執政時就會成為
一人	君主制(Kingship)	僭主制(Tyranny)
多於一人,仍是少數	貴族制(Aristocracy)	寡頭制(Oligarchy)
多數人	共和制(Polity)	平民制(Democracy)

一旦政體以追求私人利益為目標,就會相應地出現三種錯誤的政體,它們無一不嚴重威脅城邦生活的穩定。一人統治的僭主制,僭主即是那些通過不符合習俗的形式而取得統治權力的人,它會為單一統治者謀利益;多於一人,但仍屬於少數人統治的寡頭制,它只為富人謀利益;多數人統治的平民制,它只為窮人謀利益。

一旦僭主執政,他可能會以高壓手段向其他人施暴,榨取財富以供自己享受。但平民執政比僭主執政也好不了多少,因為平民制會使政策極大地向窮人傾斜,或者憑着多數人的意志去制定法律,只滿足了窮人但漠視其他階層的利益。

中層階層

單單確立城邦的政體是不夠的,因為每個城邦當中都存在不同的階層,而城邦的執政者也來自不同的階層,那麼到底該讓哪個階層出身的人執政較好呢?亞里士多德認為在所有城邦中,都可以將公民分為極富階層、中層階層和極貧階層三個部分。亞里士多德認為唯有以中層階層為基礎,才能組成最好的政體,達到穩定社會的效果。亞里士多德如此推崇中層階層,其實主要是因為它最符合中庸之道。在亞里士多德的眼中,中層階層其實就是中庸之道在政治生活當中的化身。不過,他的意思絕對不是指中產階層抑或資產階級,要準確理解他的原意,就需要回到古希臘的語境。

在古希臘的語境中,富和窮的字面含義指佔有資源的多寡。不過這裏的「資源」並不單單包括經濟條件,也包括出身、外貌、地位、人際關係等,總之只要某些因素能夠影響到一個人的社會地位,都可以被納入「資源」。例如亞里士多德在討論富人的時候,就指出他們的特點是相貌出眾、家世顯赫、肌肉發達等。如此一來,我們就可以推想出亞里士多德心目中的中層階層到底是甚麼樣子。他應該有一定的財富,既不會多到遭人覬覦,也不會少得需要嫉妒他人的財富和為了生活而不得不勞碌一生;他樣貌方面一定至少是生得平凡,既不會因為太醜而遭人排擠,亦不會因為太俊美而經常受到追逐。亞里士多德認為由這羣中層階層執政會為城邦帶來相當多的好處。

亞里士多德首先指出由中層階層執政能夠使得社會更加穩定。在地位方面，中層階層不像窮人，生活寒微；也不像富人，遭到妒恨。在稟性方面，中層階層不像富人耽於享受而變得毫無紀律，亦不像窮人般埋頭工作、失去理想。由這羣不對別人懷有陰謀和野心，生活過得無憂無慮的人進行管治，社會就能夠繁榮昌盛。亞里士多德甚至舉例說明最好的立法者都是來自中層階層，例如偉大的雅典立法者梭倫便是以「窮富仲裁者」身份登上政治舞台。梭倫曾經形容自己拿着一個大盾，保護富人和窮人，不讓任何一方在政治生活當中享有特權。他在為城邦制定法律時，始終堅持一視同仁、不分貴賤。

中層階層具有制衡的力量，能夠平衡各方的政治力量，不會偏袒極富階層或極貧階層任意一方，從而防止城邦蛻變為以某部分人為先的寡頭制或平民制。在亞里士多德看來，要建立一個理想的城邦，中層階層的力量應該要夠強大，足以抗衡另外兩個階層。就算中層階層不可能同時壓倒其餘兩個階層，至少也要讓自己比兩方之中的其中一方強大。總之中層階層要在政治領域取得舉足輕重的地位。只要中層階層能夠在人數上超過其他兩個階層，就可以建立一個持久和穩定的政體。

經院哲學

普羅提諾
Plotinus
(205-270)

205年生於埃及的呂科波利斯。

青年時代聽了很多哲學教師的演講以後,變得沉默憂鬱。直到28歲去到東西方文化交匯的中心亞歷山大利亞,見到當地頗有名氣的學者阿蒙紐斯,他才終於感到滿意信服,開始他的哲學生涯。

因為當時印度和婆羅門智慧開始受到重視,他因此到皇帝軍隊中服役,前往波斯征戰。但戰爭不幸慘敗,他沒有達到目的,費盡力氣才得以存活。

40歲到了羅馬,遵守着古代畢達哥拉斯學派的習慣,不吃葷,常常齋戒,穿該學派的服裝,也被當地各個階層尊為公眾教師。

曾受當時皇帝哥兒弟安三世及皇后的重視。據說皇帝試圖交給他一個城市,讓他在那裏實現柏拉圖的理想國,但最後被大臣們阻止。

270 年死於羅馬。

繼古希臘三哲後，我們來到了公元三世紀，羅馬帝國陷入全面危機。這個時代飽受政治腐敗、經濟衰退、蠻族入侵等困擾。社會動盪使羅馬人心中普遍瀰漫着無可奈何、懷疑和不安等心理，因此，一些能夠幫助人們達致心靈平靜和靈魂救贖的哲學思想，例如新斯多葛主義和新柏拉圖主義自然廣受羅馬人歡迎。

普羅提諾以獨特的超驗思辨方式，綜合攝取了晚期希臘與羅馬這些主要流派的思想，改變了柏拉圖哲學傳統，構建了一個具有哲學與宗教趨同特色的龐大體系，為希臘羅馬哲學和宗教神學的合流開了路。正因如此，後來基督教哲學神學所融合的新柏拉圖主義，主要都是來自他的思想。從三世紀末葉延續至五世紀末葉西羅馬帝國滅亡，普羅提諾創立的新柏拉圖主義，是晚期羅馬帝制時代的主要哲學思潮，後來在東西方廣泛傳播。

**普羅提諾：
新柏拉圖主義，太一與靈魂**

新柏拉圖主義

新柏拉圖主義是其中一個晚期希臘哲學派別，產生和盛行於三至六世紀。在托馬斯·阿奎那於基督教教會內部確立了亞里士多德哲學為正統的神學思想之前，思想界中佔有統治地位的是由普羅提諾改造過，再經由奧古斯丁大力發展的新柏拉圖主義。

新柏拉圖主義的創始人是普羅提諾，他繼承了柏拉圖的「善是單一的和最高的理念」的思想，指出一相對於多具有超越性，同時以「流溢說」來解釋從一到多的關係，並且把回歸到「一」視作達到心靈平靜的途徑，下文將會解釋這個學說。普羅提諾哲學的最重要概念是「太一」，「太一」作為普羅提諾思想中的第一原則，它的地位相當於柏拉圖的善或最高的理型。

「太一」，一切事物的終極原因

「太一」是普羅提諾思想的核心概念，「太一」的地位相當於柏拉圖思想中的「理型」。「太一」是一切事物的終極

本源，終極原因，所有事物都可以回溯到那裏去。由此，他給出了「太一」的另一個規定，即「太一」在數目上必須是「一」。普羅提諾以一個比喻來説明，「太一」就是一切存在的「父親」。

對於「太一」，普羅提諾認為人們除了知道它是一切事物的終極本源外，便不可能對它作出任何規定和表述。儘管如此神秘，但這並不表示我們完全沒有方法把握它。況且，為了向人們傳達自己的思想，他就不能迴避對「太一」的表述和規定。由是，他就説，我們只能對「太一」作出否定性表述，即只能説「太一」不是甚麼，而不能説它是甚麼。

在《九章集》裏，普羅提諾就表示「太一」不是存在、不是東西、也不是性質、也不是數量、也不是心智、也不是靈魂、也不運動、也不靜止、也不在空間和時間中，它先於一切事物。甚至，我們不能説「太一」是一個「這個」或「那個」，對「太一」的種種規定只不過是為了傳達他的思想。

普羅提諾認為，「太一」是極其神秘的東西，既不能被我們的感官經驗感知，也不能被理智把握。我們只能把它當作一個哲學對象去沉思，而不可能利用詞語和概念對「太一」進行言説和規定。一旦我們執意要對「太一」進行表述和規定，就會把本來不屬於它的諸屬性和規定強加給它。更何況，一切事物，包括我們日常用以理解事物的語詞和概念

等，都由「太一」創造，如果人們給「太一」加上不同的概念規定，把握到的只是一大堆由「太一」創造的符號和概念，而不是「太一」本身。

流溢說 —— 完美的太一為何要創造萬物？

既然太一是萬物的源頭，那麼它又如何產生萬物呢？一方面，普羅提諾認為「太一」是一切之源，但另一方面，「太一」又是絕對圓滿的。那麼，我們就有理由質疑：它已經絕對圓滿了，幹嘛要創造萬物？它又是怎樣創造的？普羅提諾由此提出了著名的「流溢說」來解答上述兩個問題。首先，普羅提諾堅持認為，「太一」是最圓滿的原始力量，不過，當事物達到完美境界，甚至當圓滿程度超過其限度時，必定會滿溢流出，從而創造萬物。

這種流溢並不是無序的，首先，被產生的東西一定不及產生者圓滿。如果套用到「太一」之上，它就首先流溢出偉大的心智，心智既然像「太一」，它就要仿傚「太一」，從自己那裏又噴射出靈魂。如此一來，世界便構成了一個由最高的「太一」到最低的萬物這一個高低有序的層級系統，而萬物都在追求更圓滿的層級。

普羅提諾把他的學說追溯到柏拉圖的哲學思想。柏拉圖認為，人們應該追求理型，努力超越自己，擺脫世界和肉體的禁錮，向上追求更圓滿的狀態。普羅提諾繼承了柏拉圖的

思想，認為人們的靈魂被禁錮在肉體中，朝向絕對圓滿的「太一」攀升是唯一解脫之途。具體的解脫方法是甚麼呢？普羅提諾認為，唯有通過全神貫注地對「太一」進行沉思，剝開裹在我們身上的一切，使靈魂與「太一」擁抱。這時候，人們會感到自己的靈魂彷彿慢慢脫離肉體和世界，向上飄升，最後回歸原初的太一，達到與太一的合一，獲得心靈的寧靜。

Augustinus
奧古斯丁
(354-430)

公元354年出生於羅馬帝國統治的北非地區,於430年去世。

16歲前往迦太基學習修辭學和哲學,縱於情慾,不到18歲就誕下一子。

19歲時,西塞羅的作品引起他對《聖經》的興趣,更激發他對善惡問題的思考。他很快接受摩尼教善惡二元論的信仰,令他的生活更為放蕩。

受到新柏拉圖主義影響,和其他人獻身上帝的意志觸動,他在33歲那年毅然決定皈依基督教,過上清心寡慾的修道生活。

著作包括《懺悔錄》、《上帝之城》、《論三位一體》等。

古斯丁集哲學和神學為一體的「基督教學說」，影響了中世紀所有的思想進程。它在十三世紀亞里士多德主義興起之前，一直支配着基督教神學與哲學。從哲學史的角度來看，奧古斯丁主義與柏拉圖主義有承襲關係，因此人們也稱 古斯丁主義為「教父的柏拉圖主義」。此外，奧古斯丁在他的《懺悔錄》中採用的哲學方法，極大地影響了二十世紀的歐陸哲學。他對意向性、記憶和語言等現象在意識和時間內的描述，啟發了胡塞爾和海德格的現象學。他對「惡」作為「善的缺乏」的定義，也影響了鄂蘭的政治理論。

「教父」是指在公元二至五世紀對基督教教義進行系統化和理論化的神職人員和學者，他們撰寫文章和著作，反對羅馬帝國對基督教徒的迫害，反對異端，致力維護基督教教義，他們的神學和哲學思想漸漸成為解釋基督教教義的權威，並因而被基督教徒尊稱為「教父」。「教父」一般可以分為希臘教父和拉丁教父兩個派系。希臘教父的主要代表有尤士丁、塔提安、克萊門和奧利金。拉丁教父的主要代表有德爾圖良、奧古斯丁等。

奧古斯丁是教父哲學的思想集大成者，亦是早期基督教哲學體系的完成者，他的著作卷帙浩繁，大多數仍流傳至今。奧古斯丁利用柏拉圖和新柏拉圖主義的思想闡釋基督教教義，形成一套完整的基本教義，這些教義主要有：創世論、原罪論、救贖論和啟示等。教父哲學是中世紀經院哲學（Scholasticism）的前奏，為基督教的神學和哲學發展提供了理論基礎。

奧古斯丁：教父哲學

世界劃分層級

奧古斯丁的哲學思想深受柏拉圖和新柏拉圖主義影響。柏拉圖認為「善」是最高的理型，一切事物都因為分享了理型而存在。新柏拉圖主義在柏拉圖思想的基礎上更進一步地指出，世界上每一事物都有其「存在程度」，它剛好與該事物所到達的「完善程度」相匹配。奧古斯丁接受了新柏拉圖主義的觀點，認為世界上一切事物正是根據其圓滿程度的高低，而排列成一個高低有別的層級系統。

當我們說一物比另一物更加圓滿和完善，到底是甚麼意思呢？在解決這個問題前，我們要先為圓滿和完善劃分「程度」。奧古斯丁則認為「善」、「太一」其實相當於「神」，它們是最高級別的理型，有最高的真實、完善及存在程度。事物的存在程度和完善程度相匹配，萬物的完善度越高，它的存在度就越高，反之亦然。萬物分享了理型的完善，整個世界便成為了一個由高至低整齊排列的層級系統，猶如大廈。在大廈中，上帝是最高級別的善。

為何上帝要在特定時間創世？

當時的羅馬帝國流行各種不同的宗教，且經常發生爭執。在奧古斯丁生活的年代，除基督教之外，摩尼教也擁有相當大的影響力。事實上，他早年也曾信奉摩尼教，但後來發現摩尼教並不能提供使人內心平靜的思想指導，就毅然轉向基督教。

《聖經》上明確記載上帝用了六日創世，這個思想引起其他宗教信仰者的質疑。當時有一些摩尼教徒質問：為甚麼上帝要選定一個特定的時間來創世，而不是在那個時間之前或之後。其次，如果在上帝創世之前不存在任何事物，那麼上帝創世之前到底在做甚麼？奧古斯丁以開玩笑的口吻回應道，上帝正在為這班放言高論者準備地獄。

其實，奧古斯丁明白這裏涉及關於時間的哲學問題，極其重要，不可能以一個玩笑就打發發問者。同時他亦明白這個問題很複雜，困難之處在於時間在常人看來是不言自明的，每個人都彷彿很了解時間，能夠清楚地指出時間由過去、現在、將來三部分組成。不過正如奧古斯丁所言，如果沒有人問他時間是甚麼，他還感到相當有信心，一旦有人詢問，他要想說明時，便感到茫然不解。

過去、現在、將來這三個時態是否真正存在呢？奧古斯丁首先由這個方向切入。他指出過去已經不存在，而將來尚

未存在，所以只剩下現在，但現在到底是甚麼？奧古斯丁認為時間無非是個人的主觀感受，更重要的是，人們對過去和未來的量度立足於現在。奧古斯丁指出，將時間分為過去、現在、未來是不妥當的，正確的說法是：時間分為過去的現在、現在的現在、未來的現在。「過去事物的現在」是記憶、「現在事物的現在」是感覺，「將來事物的現在」是期望。由此，奧古斯丁便把時間和人們對時間的感覺等同起來，實現了對時間的主觀化處理。

不過，奧古斯丁把時間歸為純粹個人主觀的感受，而沒有客觀標準，也有一定危險性，因為這樣做會動搖人們對《聖經》記載上帝用六日來創世的信仰。因此，奧古斯丁也強調時間是客觀的。時間是由上帝創造的，它和世界一同由上帝從虛無中創造，而時間的開端就是祂。

罪惡只是善的缺乏

基督教徒相信上帝是萬物之源，然而，假如我們說罪惡也是由祂創造的，就會違背了祂是全知、全能和全善的定義。而且，當時的伊壁鳩魯學派利用了罪惡來源的問題，否證了基督教的神。

奧古斯丁對罪惡的性質和起源的論述，見諸他的神義論思想。奧古斯丁運用了新柏拉圖主義的「惡不存在論」，試圖把罪惡歸於受造物自身的不完善，無關上帝。在新柏拉圖主

義看來，世界由最高完善程度的「太一」至最低層級的萬物構成，而罪惡只不過是事物在完善程度較低時所呈現的狀態而已。

奧古斯丁指出，完善的上帝不可能創造惡，這違背祂的本性。惡只是善的缺乏，正如疾病不存在，疾病只是健康的缺乏；正如黑暗不存在，黑暗只是光明的缺乏。除了上帝，萬物在本性上不是完善的，所以，「惡」其實是萬物自身的不完善。進一步來說，如果世間上一切罪惡，只是出於事物自身的不完善，那便不能歸咎上帝。

上帝之城

公元410年，哥特人攻克並血洗羅馬。哥特人撤軍後，有不少異教徒認為羅馬城被毀，是由於羅馬人背叛了原來的保護神，轉而崇拜基督教，因此遭到報應。此外，亦有些人責罵基督教的上帝為甚麼連羅馬城也保護不了。基督教徒普遍感到沮喪，因為羅馬城的陷落似乎意味着基督教徒承擔起拯救人類的神聖使命幻滅了。

奧古斯丁為了鼓舞士氣和堅定信仰，花了14年寫下了《上帝之城》，重新思考基督教與國家的關係。奧古斯丁首先指出，羅馬城陷落並不代表上帝無能。野蠻的哥特人攻佔羅馬城後，並沒有把全城的市民趕盡殺絕，而是指定了幾所基

督教的聖殿，在其中避難的市民可以免於一死。奧古斯丁認為，所有聰明人都應該意識到，這些都是上帝的功勞，祂用仁慈感化了野蠻人的心。

面對異教徒的指責，奧古斯丁指出，羅馬城之所以陷落，不是因為他們崇拜基督教，而恰恰是由於他們不信仰一神論的基督教。多神崇拜使羅馬人墮落，只有通過信仰上帝，皈依真正的宗教，才能重新贏得榮耀。

接下來，奧古斯丁區分了「上帝之城」與「世俗之城」，名稱上的區分其實只是隱喻，真正的區別在於生活方式的不同。住在「上帝之城」的人愛上帝而輕自己；住在「世俗之城」的人愛自己而輕上帝。奧古斯丁承認，在現世中兩座城市的人經常混雜在一起，只有在審判日時，上帝才會把兩座城市的人分開，而且在現世的人很難知道自己屬於哪一座城市。不過，奧古斯丁指出，今天出入教會會堂，明天又跑到無神的劇場去的人，不可能屬於「上帝之城」。

阿拉伯與猶太哲學

阿維森納
Avicenna
(980-1037)

980年生於亞布哈拉城附近的阿夫沙那鎮，是塔吉克人。本名伊本‧西納（Ibn Sina），「阿維森納」是他拉丁化的名字。

在阿拉伯語環境下接受教育，大部分作品也是以阿拉伯語寫成。智力早熟，從小就接受系統的《古蘭經》、阿拉伯文學、地理、法律和邏輯等學科的教育。除此之外，他還自修神學、物理、數學和醫學。

在鑽研哲學和邏輯的過程中，研讀了亞里士多德的《形而上學》四十多遍，卻仍然迷惑不解書中內容，直到偶然讀到當時哲學家法拉比的《形而上學評註》，才理解書中主旨。

以大臣身份周遊阿拉伯諸國，四處行醫，經歷過大起大落，曾兩次入獄。

1037年死於痢疾。

邁蒙尼德

Maimonides

(1135-1204)

1135 年生於西班牙科爾多瓦一個猶太法官家庭，真名摩西‧本‧邁蒙，又稱拉姆巴姆。

天資卓絕，聰慧過人，在父親的教導下精通《聖經》和猶太教法典《塔木德》（*Talmud*），並廣泛涉獵哲學、天文、數學、邏輯等當時的世俗學科。

在 1185 年以前，他已經被任命為埃及穆斯林統治者的御用醫生。

他在世時是開羅猶太社群的首領，去世後很多地方都為他舉行公開悼念活動。

在他被埋葬的太巴列城的加利利，他的墳墓至今仍是猶太人參拜的聖地。

阿威羅伊 Averroes (1126-1198)

1126年生於西班牙科爾多瓦，出身於一個有教養的法官家庭。

作為西部伊斯蘭哲學的代表，他修讀過神學、法學、醫學、數學和哲學，當過法官，並有醫學、天文學和哲學方面的著作。

一生寫了38篇評註，其中大部分是為亞里士多德著作而寫，甚至曾為一篇原作寫下兩三篇評註。

因其對亞里士多德著作的評註而備受世人尊重，以至於他的名字和「評註者」成為同義詞。

於1198年逝世。

阿拉伯和猶太哲學家在他們的著作中提出的問題，或者產生於亞里士多德主義與柏拉圖主義之間的差異，或者來自亞里士多德著作中的矛盾之處。在大約1150-1250年這百年裏，大量的希臘哲學、阿拉伯和猶太哲學著作被翻譯成拉丁文。在這「百年譯經運動」中，阿拉伯和猶太哲學中的問題意識，隨着哲學文獻傳入西方世界，並給西方帶來了新的觀念和方法。這強烈地刺激基督教神學和哲學的爭論，有力地促進了辯證法的運用，深刻地改變了基督教神學和哲學的形態，開啟了西方哲學史上被稱為「經院哲學」的新篇章。希臘思辨的哲學傳統隨着529年雅典哲學學園關閉而在西方消失，之後經歷了在伊斯蘭世界的「歷險」，再次在西歐復興。

阿拉伯與猶太哲學：
形而上學承傳

阿維森納：懸在空中的人，矇着雙眼

阿維森納深受亞里士多德影響，認為形而上學是第一哲學，而且是諸科學之根。之所以是第一哲學，是因為其研究的「存在」，先於其他所有學科的對象。各門學科只負責研究個別的存在事物，如植物學家研究植物、海洋生物學家研究海洋生物、昆蟲學家研究昆蟲等。而形而上學研究的，是存在事物的「存在」本身。

到底「存在」是甚麼？有人認為存在只是一個空洞的名詞，另外也可能被認為只是抽象概念或邏輯。不過阿維森納拒絕這些觀點，他認為存在是一切存在者所共有的，甚至是最原始、最根本和最實在的知識。

為了更清晰地說明自己的觀點，阿維森納提出一個名為「空中人」的思想實驗：一個擁有正常心智的成年人，在空中一下子被創造出來，但雙眼被矇住。在這個情況下，他首先會知道甚麼？他顯然不具備任何關於外部世界或自己身體的知識，因為他的眼睛被矇住，而且手腳也不能接觸任何東西，手腳之間也不能相互觸碰。

不過，阿維森納指出，這並不意味着這個人一無所知。即使在這種情況下，這個人也不可能意識不到自己存在。阿維森納藉此指出，每個思想着的心靈在任何情況下都不可能缺乏關於存在的知識，而且這種領會的出現，先於其他一切經驗。正因為形而上學研究的對象先於任何經驗知識，所以最為重要。

阿維森納：必然存在的神，和祂創造的十個理智

阿維森納受古希臘三哲的形而上學影響，以柏拉圖和新柏拉圖主義的存在層級系統、「流溢說」和亞里士多德的潛能與實現、質料與形式來描繪世界的結構。中世紀的經院哲學家們經常把潛能與實現、質料與形式一併討論。他們認為，質料如果尚未獲得形式的定型，只是一堆純粹的潛能，即可能性；一旦質料獲得實現，慢慢實現自身的可能性，便由不完善走向完善。在經院哲學家看來，完善的東西就是把自身的可能性發揮出來，使潛藏的可能性變成現實。如果一個東西不發揮自己的潛能，讓其他人理解，就不能被認為是完善的。例如，某個人擁有一流的繪畫天賦，但終其一生都未畫過一幅畫，說他繪畫非常優秀是荒謬的。

此外，阿維森納認為，一切的存在物都可以被細分為「必然存在」和「偶然存在」。其中「必然存在」又可以被進一步細分為兩種情況：第一種情況是「因自身而必然存在」；另一種情況是「因他物而必然存在」。「因自身而必然存在」指

事物自身必定、也只能被設想為存在。在西方哲學史上，能夠稱得上這個名號的只有神，如果神能夠不存在，就會和全知、全善和全能的本性相違背。此外的種種，都是由神所創造出來的。

阿維森納指出，作為必然存在的神創造了第一個「理智」，然後這個「理智」又先後創造了十個理智。這十個理智就一個比另一個離神更遠。如此，世界便構成了一個由最高的神到最低的受造物的層級系統，猶如一幢大廈。神位於頂樓，完全實現了潛能，最低層的事物就是純粹的潛能，完全沒有被實現。

阿威羅伊：宗教與哲學的雙重真理

阿威羅伊與阿維森納一樣，以亞里士多德的潛能實現理論來證明神的存在。世界是由最高級的純形式至最低級的純潛能組成，各階層有不同比重。層級較高擁有的潛能較少，實現較多，層級較低則反之。

在伊斯蘭教神權政治文化環境中從事哲學活動的阿威羅伊，知道如果過分依賴與推崇亞里士多德哲學，很容易惹來神學家不滿。此外，當哲學家從事哲學思辨時，也容易因思想瀆神而違背宗教教義。因此，阿威羅伊要着力處理宗教與哲學的關係。

阿威羅伊致力調和亞里士多德哲學與伊斯蘭教的矛盾，提出了著名的「雙重真理說」。他認為哲學與宗教能夠和平共處。他指出對於同一個思想，在哲學上可以透過概念和思辨來闡釋，在宗教上則可以透過寓言等方式來表達。哲學的其中一個重要作用，是把隱藏在寓言背後的真理，清楚地呈現在人的心中。不過，阿威羅伊只能夠盡力調和神學與哲學的關係，強調兩者各司其職。但在神權政治主導的環境下，伊斯蘭教徒仍然認為阿威羅伊過分抬高哲學，有損害宗教信仰之嫌。

邁蒙尼德：神的實體不是甚麼？

邁蒙尼德非常崇拜亞里士多德，潛心研讀亞里士多德的形而上學。但與阿維森納和阿威羅伊不同，他主要關注實體與屬性的關係問題。

邁蒙尼德認為，當我們認識一個事物時，其實我們只是在認識事物的屬性，而無法真正認識事物的實體。比如說，縱使我們真的能知道一個人的所有物理和心理狀況，也不可自認為認識了他的實體。同理，如果我們說神是至善的，公正的，我們其實混淆了神的實體和神的屬性。因為善只是上帝其中一個屬性，而不是上帝的實體。

在日常生活中，人們會用肯定的方式來認識神，即我們通過說出「神是甚麼」來認識神。例如，人們經常利用擬人法，

把眾多屬於人類的感情屬性賦予上帝，說上帝是憐憫的、仁慈的、易怒的等，但這個方法卻被邁蒙尼德否定。因為肯定的方法至多說出了神的屬性，卻不是實體。

邁蒙尼德轉而認為，我們可以用否定的方式來認識神，就像普羅提諾以否定的方式去理解太一那樣，即通過說出「神不是甚麼」來認識神。我們可以通過排除認識範圍內一切肯定的東西，來達到對神的認識。例如，通過說出神不是人、神不是太陽、神不是月亮等，從而慢慢縮小認識範圍，無限地逼近神的實體。但否定的方式只能幫助我們把一切有限的東西及屬性都排除掉，永遠不可能以確實的方式清楚地把握神。

Thomas Aquinas

阿奎那
(1225-1274)

1224年末生於意大利羅卡塞卡一個望族，阿奎那的家庭與教廷和皇帝關係密切。

他的父親希望他成為修道院長，5歲時將他送到著名的修道院接受宗教和理智教育。

當時皇帝與教皇之間發生戰爭，支持帝國的阿奎那家族把他從修道院接走，送到自由學術氣氛濃厚的那不勒斯大學。

19歲那年，他無視家族反對，加入了道明會，但前往巴黎準備繼續深造途中，被哥哥綁架回家，關閉在城堡裏。

在這一年的禁閉期間，他的家族用盡一切辦法，甚至僱用妓女來誘惑他脫離道明會。但他最終堅持下來，擺脫家族控制。

阿奎那肥胖碩大，沉默寡言，同伴嘲笑他為「西西里的啞牛」，但他的老師卻很賞識他的才華，說「將來他的吼聲將震撼全世界」。

後來被教皇封為「聖徒」和「天使博士」。

從十一世紀開始，由於阿拉伯人統治西班牙及十字軍東征，大量經過阿拉伯哲學家詮釋的亞里士多德著作流入西歐，對西歐思想家影響甚深。其中最著名的思想家當屬托馬斯·阿奎那。跟伊斯蘭世界不少哲學家一樣，當時的天主教道明會亦熱衷發掘亞里士多德形而上學中的神學成份。阿奎那作為道明會的修士，自然深受該會的學術旨趣影響，走上研究亞里士多德形而上學之路。

阿奎那所創造的哲學和神學體系——托馬斯主義——是經院哲學最偉大的體系。在中世紀，它是繼奧古斯丁主義之後又一完備的理論形態。托馬斯主義調和了包括奧古斯丁主義在內的經院哲學各派觀點，在歷史上不止一次發揮了包容和統一天主教學術思想的作用。在哲學上，由阿奎那的「神聖學説」加以系統闡明的「證明之路」，在整個中世紀的神學—哲學中具有強大的影響力。它一方面使信仰奠定在理性知識基礎上，另一方面又使一切知識都被納入信仰並服務於信仰。

在這個意義上，可以説阿奎那的「證明之路」成功地完成和體現了哲學與宗教的溝通與結合。「證明之路」不僅是一種「見證」上帝的途徑，而且也是哲學走向「新生」的道路。它的勝利不僅意味着以亞里士多德為代表的希臘哲學的勝利，而且標誌着哲學走向新的深度與新的徹底性。在這種基礎上，後來的康德才能提出哲學史上最著名的對「證明之路」的批評。

實體與屬性

阿奎那繼承了亞里士多德的形而上學思想，認為不同學科的研究對象雖然有異，但都可以統稱為「存在者」。在他看來，這個「存在」就是「實體」。實體是屬性的基礎或依托，屬性依附在實體之上。實體是不變的基礎，屬性則變化多端。阿奎那的意思是，當我們談論一個東西的顏色、形狀、大小等變化時，它從根本上並無改變。例如，不管小明從英俊變得醜陋、從強壯變得瘦弱，他仍是同一個人，他的實體不會因其外貌和形體的改變而改變。

如果我們斷言小明膽小，我們就斷定了有小明這一個實體存在，而膽小則是小明這個實體的屬性。形而上學家關心的就是這個「實體」。即便人們斷言小明膽小，仍然暗示了有一個實體的存在。當我們說小明膽小，而小明根本不存在，那麼，我們說小明膽小便沒有意義了。事實上，每一門學科建立時，也預設了特定的實體作為研究對象，例如經濟學研究的「經濟人」、社會學研究的「社會人」等，如果這些對象根本不存在，則整門學科的根基就會動搖。

當阿奎那談及實體和屬性時，兩者彷彿可以輕易地被區分。但這只是一種理智的抽象區分。在現實生活中，我們不可能見到沒有實體的屬性或沒有屬性的實體。例如，我們不可能抽去小明的所有屬性，例如容貌、外型、膚色、性格等屬性去認識小明。

既然阿奎那堅持實體和屬性密不可分，那麼當我們認識某一對象時，我們到底是認識了該對象的實體還是屬性呢？阿奎那指出，人們對實體和屬性的認識總有一個發生順序，首先認識對象的諸多屬性，然後通過對屬性變化的認識把握實體。例如，當我們進行內省時，首先了解自己的思想、情緒、慾望等各種心理狀態，繼而把握隱藏在諸多屬性背後那不變的自我。

從亞里士多德手上接過概念

阿奎那認為，如果人們要透徹地了解實體，便需要了解實體由甚麼東西構成。為此，阿奎那引入了亞里士多德形而上學的第二組概念：形式與質料。阿奎那指出，實體由形式與質料構成。以一所房子為例，房子本身是一個實體，房子的長、寬、高是房子的形式，而磚頭與木料等是組成房子的質料。阿奎那指出，形式其實是一種構成性的原則，它賦予質料秩序或使之定型。例如，建築師如果不按照設計藍圖，賦予磚頭與木料以一定的形狀，就不可能建成一所房子。在中

世紀的神學家和哲學家看來，人本身也是一個實體，因此人也是由形式與質料構成的。人的形式其實就是靈魂，質料就是肉體。

儘管阿奎那從亞里士多德手上接過形式與質料這一組概念，但他很快發現這組概念雖然能夠解釋事物如何構成，但似乎無法回答為何同類事物之間存在差異。人類雖然由形式與質料構成，但為何每個人之間明顯存在容貌、外型和體格等差異？阿奎那指出，決定差異的是質料而不是形式。例如，這棵蘋果樹之所以不同於那棵，是因為它們的構成質料不同，儘管它們都擁有共同的形式。阿奎那這個思想後來被不少神學家接受，甚至被發展成一種同語反覆，例如，為甚麼這匹馬是這個樣子？因為牠有如此這般的質料。

阿奎那認為，質料在未被形式定型時，只有散亂。正因如此，卻反而有被塑造的可能性。由此，阿奎那引入了亞里士多德形而上學的最後一組概念：潛能與實現。到底潛能與實現是甚麼呢？阿奎那認為，潛能是指事物運動和變化的可能性；實現是指完全或部分實現了自身的可能性。例如，若以紅土作為質料，紅土經過設計成為磚塊，而磚塊又進一步被用來蓋房子，變成宏偉的建築物。如此一來，最初作為質料的紅土便不斷被新的規定塑形，慢慢變得豐富和複雜起來。

五路論證

阿奎那探討亞里士多德形而上學的概念後，便着手以此為基石論證神的存在。由此，阿奎那提出了著名的五個論證，即著名的「五路論證」。

第一路論證是事物的運動或變化方面的論證，稱為不動的推動者論證。阿奎那認為，從潛能到實現需要外物的推動，一物被另一物推動，另一物又被另一物推動，以此類推。然而，我們無法設想一個無限序列的推動鏈條，所以必定存在一個自身不被推動而能夠推動他物的推動者，阿奎那認為這個不動的推動者就是上帝。

第二路論證是第一因論證，它關於事物的動力因。動力因是亞里士多德「四因說」中的一個原因。例如，房子是建築工人利用建築物料建成的，其中建築工人的建造就是房子存在的動力因。一物的產生，是由於一個比自身先在的外物施動，而另一物又需要另一個比自身先在的外物施動。然而，我們不能設想一個無限序列的動力因鏈條，反而必然要設定一個第一動力因，阿奎那認為這個終極動力因就是上帝。

第三路論證是偶然性論證，以偶然性與必然性來作推論。在日常生活中，很多事物都會產生而後消失，它們屬於偶然存在。可是，如果世界上沒有必然存在而只有偶然存在，那麼就有可能在某個時刻，世界上所有東西都不存在了。在那

之後，再也不可能有甚麼東西出現，因為沒有任何東西能夠產生其他東西。而事實是，世界上確有眾多事物存在。因此，人們需要設想一個必然存在的最終原因，它能夠使其他事物獲得存在，而自身不為其他事物所產生，阿奎那認為這個必然存在的終極原因就是上帝。

第四路論證是程度論證，從事物屬性的程度來論證神的存在。我們經常說一個東西比另一個東西好、一個東西比其他東西善。阿奎那認為，當我們使用這些概念時，實際上是相對於某個最高程度的事物而言。例如說某一件物件比較熱時，是以它接近最熱的東西的程度來決定，如果不預設一個最高程度的熱，談論「比較」是沒有意義的。

第五路論證是目的論論證。阿奎那認為，在世界上包括人在內的很多生物，都在為着一個目標而活動，以求獲得最好的結果。例如，種子生長是為了開花結果。如果它們不受某一個擁有知識和智慧的存在者指揮，如箭受弓箭手指揮一樣，就不可能到達目的地。所以必定存在一個智慧的存在者，一切自然的事物皆在他的指引下到達目的地。阿奎那認為這個存在者就是上帝。

自然法

阿奎那的倫理學和法學思想以神為基礎，解釋在神的統治下，人應該如何生活。阿奎那認為神是理性的。為甚麼呢？

阿奎那認為這是不言自明的事實。正因如此，後世的人把他歸為理性神學的思想家。

阿奎那認為，理性的特點是不變、永恆、普遍和必然，自然法是由理性的神制訂，故此應當具有以上本質。神創造萬物時，同時把自然法刻銘在人性中，人性就是自然法。它是不成文的法律，沒有具體的賞罰細則，而人法和神法則是白紙黑字寫成的法律條文。人法指人類社會制訂的法律，神法指神在《聖經》中啟示的法律，包括舊約中的十誡，和新約中的耶穌登山寶訓。

阿奎那認為，我們有兩種途徑認識自然法：理性和良知。上帝不可能在賜予人類自然法的同時，又不讓人類具有認識它們的能力，所以上帝賦予人理性，使人能夠認識自然法。阿奎那指出，在人們的道德生活中到處可見自然法的痕跡，例如，人們不需學習便知道搶劫、殺人和強姦是錯的。阿奎那表示，自然法之於道德實踐，有如第一原則之於思辨理智，它們都是自明的原則。此外，上帝又賦予人良知，那是一種直覺式把握倫理原則的先天習性。

阿奎那代表了經院哲學的發展巔峰，他在形而上學、倫理學和神學等方面的建樹甚豐，所以有足夠理由把阿奎那視為中世紀的亞里士多德。

司各脱
Duns Scotus
(1265-1308)

1265或1266年生於蘇格蘭,他名字中的Duns是當時蘇格蘭—英格蘭邊界的一個小鎮,而Scotus當時意指英國北部。其叔父為方濟各會分會會長。

15歲時加入方濟各會,後來在牛津和巴黎學習,並在1291年被任命為神父,之後輾轉在巴黎和牛津教學。

1304年因參與教皇反對當時法國國王菲力浦的活動被驅逐出境,但在1305年教皇逝世後重返巴黎,獲得神學教授職位。

據說曾在一場激烈的神學辯論中,獨自與所有神學教授辯論,贏得了「聖母純潔之胎」說的勝利。但反對他的人指責這一說法為異端觀點。

1308年逝於科隆,年僅43歲。

十六世紀英國的宗教改革者和人文主義者皆不滿這位「精細博士」繁瑣的寫作風格,將他的名字Duns改成Dunce(蠢材),後來進入了英語詞彙。

鄧斯·司各脱的著作比其他經院哲學著作更加複雜和難懂,很多人都不能全面理解他的思想,導致他在歷史上經常遭到誤解。後來的研究逐漸發現,司各脱的思想極有獨創性,既不能套用十三世紀亞

里士多德主義與奧古斯丁主義的老模式來解釋他的哲學性質，也不能在「現代路線」和「老路線」這一未來模式中看待他的思想意義。司各脫主義是經院哲學的一個新模式，他強調存在的單義性、世界偶然性和事物本質的個別性，影響了很多現代哲學家，其中包括德勒茲和德里達。

奧坎
(1285-1349)
William of Ockham

1285 出生於英國薩里郡，1306 年加入方濟各會，1310 年進入牛津大學神學院。

他在 1320 年已經完成了獲得神學博士的學業，但因博士候選人太多而耽擱，後因被指為「異端」，終生未得到博士稱號，無法畢業。

他以一個未能畢業的學生身份成為一個學派創始人，被稱為「尊敬的初始者」。

1323年，時任牛津大學校長從奧坎的《箴言書注》中抽出他視為異端的命題交給教廷。奧坎在等待宣判期間，與友人投靠當時神聖羅馬帝國皇帝路德維希，一起對抗教皇。「你用劍保護我，我用筆保護你」他曾對路德維希說。

後來教廷試圖與奧坎修好，但在這之前他已在1349年死於黑死病。

哲學家對奧坎主義有不同的評價。有人把他看作經院哲學的掘墓人；有人認為他是革故鼎新的開拓者，他的肯定神學和新唯名論賦予經院哲學生機；有人認為他的哲學恢復了希臘哲學理性精神的批判和懷疑功能；有人把他看作近代經驗論和科學精神的先驅。他的思想是對前人思想批判性繼承的結果，既是對經院哲學的新貢獻，又是對經院哲學方法和傳統的破壞。

十三世紀，修道院的隱修制度慢慢衰微，進行雲遊佈道的托缽僧修行成了新風尚。隨著人數增多，托缽僧組織逐漸形成。其中，最早和最重要的兩個組織當屬方濟各會和道明會。方濟各會的主要代表人物有波納文圖拉、鄧斯·司各脫、羅傑爾·培根等，沿襲奧古斯丁的思想傳統。道明會的主要代表人物有托馬斯·阿奎那和大阿爾伯特，比較推崇亞里士多德的思想。

方濟各會和道明會競相在各大學擴展影響力，他們之間的衝突因而在所難免。即便在兩會的代表人物波納文圖拉和阿奎那相繼去世後，兩會仍不時展開論戰。方濟各會在論戰中慢慢發現，單單依靠以信仰為中心的奧古斯丁思想傳統，很難抵擋以哲學思辨為主軸的亞里士多德思想傳統。於是，有不少思想較開明的方濟各會修士，便開始吸納後者的觀點並嘗試調和兩派的思想。鄧斯·司各脫便是這批傑出的修士之一。

EP16 司各脱與奧坎：意志與剃刀

我們如何了解「存在」？

由於方濟各會改變方針，容許修士有限度地採納亞里士多德思想，所以司各脱得以接觸亞里士多德的形而上學。司各脱和不少經院哲學家一樣，首先追問形而上學研究的對象是甚麼。司各脱認同知性的首要對象並不是眾多個別的存在者，而是「存在」本身這一觀點。

「存在」是一個晦澀的概念，人們有辦法把握「存在」嗎？有些人認為要認識一個事物，最好的方法是對事物進行定義，比如利用亞里士多德的「屬加種差」定義法。不過司各脱認為，這個方法行不通，因為「存在」是一個最大的普遍性，根本不可能用「屬加種差」的方法來定義。「屬」和「種」是基於共性與差異而言的，例如，要定義「人」，我們首先要指出人和雞、牛、羊等共同屬於的那個類別，即牠們的「屬」，即是「動物」。此外，我們還需要指出人和這些生物之間的差異，亦即「種差」。接下來亞里士多德指出，人和這些生物的不同之處在於唯獨人有理性。由此，他給出了人的定義：人是「理性的動物」。

如果説「種差」是在比較中得出的，那「屬」又是如何給出的呢？事實上，「屬」還是要透過與其他各「屬」之間的比較而得出，例如以動物比較植物。但這種方法可以用來認識「存在」嗎？不可能。因為「存在」本身已經是一個最大的普遍性，在「存在」之外根本沒有一個「非存在」可以和「存在」作對立和比較。完全的不存在不可能被設想出來。「非存在」其實也是「存在」，只不過是以「缺席」和「不在場」的方式存在罷了。

「屬加種差」的方法不僅無法定義「存在」，而且「屬」和「種」的區分皆建基於「存在」之上。這猶如一塊土地，人們能夠在其上圈出屬於自己的王國，不同的王國就是不同的「屬」和「種」，而整個大陸本身就是「存在」。如果説人們要定義一個東西，但它完全不存在，即根本不可能被設想出來，又該如何定義它，認識它？

雖然司各脱指出「存在」不能以傳統「屬加種差」的方法來定義和認識，但他斷然不會接受人們不可能認識「存在」這個觀點。若果人們根本不可能認識「存在」，則形而上學這門學科就沒有存在的必要了。司各脱認為，人們能夠借助直覺來認識「存在」。雖然我們有些時候不了解事物的屬性及規定，例如當我們發現一種新生物，我們不知道牠的內臟結構、神經系統、肌肉彈性等，甚至不知道如何把牠放進現有的生物分類系統中，但至少我們知道牠「存在」。

對「存在」直覺地了解，又是甚麼意思呢？我們在日常經驗中所接觸到的都是個別的存在者，司各脫何以認為我們能認識普遍和抽象的「存在」？

司各脫同意我們平時接觸到的確實是個別的存在者，但他希望人們區分知性的**「依其本性」**（ex natura potentiae）和**「現今狀態」**（in movendo）。「依其本性」指人們憑藉知性本身的能力所能夠認識的對象。「現今狀態」則是指知性在某種特殊情況下能夠認識的對象。借助例子說明，人類的視力能夠看見不同的事物，這是由視力本身的性質所決定的。而我們不可能因為視力在夜晚只能靠燭光才能看見事物這一點，就把視力定性為只能看見燭光中的事物。

依此邏輯，司各脫認為，知性在日常生活中認識的，只是眾多個別存在者及它們的規定，而它們只是知性的次要認識對象；但就知性本身的功能而言，它可以認識一般意義上的「存在」——這才是知性的首要認識對象。我們只需稍加反思便可以意識到，所有我們面前形形色色的存在者都共享了「存在」這個普遍性概念。

意志主義

在司各脫的思想中，人由靈魂與肉體組成，靈魂有兩種基本功能，分別是知性和意志。司各脫認為，兩者的不同之處在於知性沒有自由，而意志擁有自由。司各脫認為，知性

如果看到了一個真理，必定會因為缺乏自由而不得不同意此真理。例如，「人必有一死」是真的，所以我們不得不同意「亞里士多德會死」這個命題。當司各脫表示意志擁有自由，且可以命令知性，他的意思不是說意志可以命令知性去同意一些謬誤的結論。

司各脫認為，意志真正高於知性的地方是，意志能夠驅使知性去關心自己所意欲的事物。例如，在小明面前擺放著不同類型的書籍，假設小明最後選擇閱讀地理學書籍，這個選擇體現的就是小明的意志。在司各脫看來，意志可以利用知性為自己服務，因為它能夠將知性導向思考某個對象。

正因為意志高於知性，因此在司各脫看來，人類的意志敗壞比知性敗壞更嚴重。司各脫指出，恨上帝的人比不認識上帝或不思考上帝的人更加敗壞。同樣，一個人意欲神、愛神，比起一個人單單思考神、認識神更加可貴。此外，一個人在心中思考邪惡的東西並不是壞事，但如果一個人的意志意欲邪惡的東西，並且從中得到了邪惡的快感，那就是壞事。

我們對神一無所知

奧坎堅決認為，人對上帝一無所知，人決不可能認識上帝。因此，奧坎必然把矛頭指向阿奎那對神存在的證明。奧坎首先認為，阿奎那之目的論證明站不住腳。阿奎那認為整個宇宙中存在一個終極目的，一切事物都朝向這個目的。奧坎認

為這個所謂宇宙的終極目的根本不可知，而且，儘管人們大部分活動的確有目的可尋，但若因此就認為宇宙中存在着一個根本、終極的目的，實屬荒謬。而且說萬物均共同趨向一個終極目的，有過於簡化事實之嫌。

奧坎認為，用動力因的證明同樣站不住腳。因為即使我們承認宇宙中存在一個不動的推動者，但我們卻不能因此認定這個推動者就是神，它有可能是其他存在者。

奧坎由此認為，上帝存在這個命題沒有任何經驗能夠證實，所有嘗試從經驗層面上證明上帝存在的努力都是徒然的。不過，這不表示奧坎是一個無神論者，他認為我們雖然不能認識和證明上帝，但我們仍然可以信仰祂。

奧坎剃刀

奧坎否定了人能夠認識神後，直接批評了以往理性神學家以非經驗的事物，例如以天使、實體等超自然力量解釋經驗世界事物由來的想法。這些概念既不能為經驗所證實，又不在邏輯上自明。如果人們僅以經驗世界和邏輯自明的事實，就能夠說明經驗事物的由來，那麼我們就不再需要超經驗和超自然的論據。由此，奧坎訂立了一條原則，若我們能用較簡單的方法完成一件事，切勿使用較複雜的方法。後人把這個原則濃縮為「如無必要，勿增實體」，也即是非常有名的「**奧坎剃刀**」（Ockham's Razor）。

EP17　文藝復興（Renaissance）

經院哲學時期經過五百多年，漸漸走向僵化，討論的問題亦脫離現實。例如，修士們在課堂上討論一根針頭上能站多少個天使，無怪乎後人指責經院哲學為「煩瑣哲學」；而神學發展也愈來愈囿於思辨、遠離大眾。其實，抽象性是哲學思維的重要構成元素，不應因此貶低經院哲學的發展意義。但是，我們也必須理解到這幾百年的西歐思想，強調純然的神性而排斥感官經驗、崇敬肉體犧牲而壓抑物質生活，並非完全因為哲學家或羅馬天主教本身的偏見，而是與當時西歐經濟落後、政治混亂、戰事頻仍等現實息息相關。

這種現實與思想上的雙重壓抑及文化的生命力衰微，直到十四世紀中葉才得以解決。意大利半島各城市在這段時期開始出現大量手工業，在相對穩定的政治制度下，商業與文化也得到了很大的發展，其中特別以**麥第奇家族**（Casa de Medici）統治的佛羅倫斯最為發達，開拓了耳目一新的文化運動，並推展到整個歐洲。這個一直持續到十七世紀中葉的文化運動，便是歐洲的文藝復興。

文藝復興的形成背景

歷史學家一般將歐洲文藝復興時期定為由 1355 年開始到
1650 年終結。

Renaissance 在法語的原意是「重生」，除了廣義地指這段時
期的文化生命力比中世紀更活躍外，更具體地指古代文化的
復興熱潮。僵化的西歐為甚麼會有新的改變呢？除了意大利
半島的經濟發展促進了市民與商人自由外，黑死病也發揮着
隱性作用。頻繁的天災使羅馬教廷權威感受到震撼，死亡的
迫近重新激發了思想家對生命的關注，人口流失使工人薪金
提高、食品降價、土地被重新分配，活下來的平民生計反
而不比以前差。社會的變動使人的精神也嚮往新的發展。其
次，羅馬天主教在中世紀時逐步將基督教以外的思想體系排
除，大大限制了西歐人的思想來源，與其對立的東羅馬帝國
卻保留了大量的古希臘作品，其中的思想偶爾透過商業或外
交活動開始在西歐散播。1453 年，土耳其人攻陷了君士坦
丁堡，將學者驅逐出境，更使希臘文化湧入意大利。西歐本
身的社會需要，加上古典文化自東歐回流，觸發了這個一洗
中世紀蒼白沉悶之氣的文化改革。

雖然這段時期歐洲文化的各個環節都得到飛躍發展，但其
實文藝復興哲學的新意較少，其最大的貢獻是重新發現了
古希臘與古羅馬文獻，延續了哲學傳統，並打好發展近代
思想的根基。在十四世紀前的西歐，只有部分柏拉圖的

《蒂邁歐篇》、《斐多篇》及《美諾篇》被翻譯成拉丁語流傳下來，亞里士多德更只有關於邏輯學的著作被殘缺地保留。文藝復興前期不少身兼學者、官員與古文獻收藏家的人搜刮了他們的其他著作，並努力進一步解讀；而長期被天主教抨擊為異教的學說，包括斯多葛主義、伊壁鳩魯學派、懷疑論、西塞羅學派等都有了新的追隨者。文藝復興在本質上是一波**古典主義**（Classicism）浪潮，又因為這段時期的思想家厭惡經院式的玄思討論，醉心於被合稱為**人文科學**（studia humaniora）的修辭學、詩歌、歷史、政治學以及倫理，所以文藝復興具有**人文主義**（Humanism）的精神。

人文主義的興起

人文主義反對把神性當作世界唯一的價值，而將人類情感與經驗視為邪惡的中世紀思想。但是，人文主義並不完全反對宗教，早期的一些人文主義者甚至是教士，例如被稱為人文主義之父的**佩脫拉克**（Francesco Petrarca）。當時意大利南部的卡拉布里亞有許多從東羅馬逃難來的學者與教士，佩脫拉克在那裏向一位僧人學習希臘語，雖然還不能完全理解，但他非常傾慕柏拉圖哲學；他長期以大使身份在各地遊歷，蒐羅了許多古籍，包括西塞羅失傳的書信；他又熱愛旅行，可能是率先把爬山當成娛樂的人，並且首先登上了旺圖山頂。佩脫拉克在世時是著名詩人與散文家，敢於模仿被貶為異教徒的**維吉爾**（Virgil）與**塞內卡**（Seneca）的作品，他也意識到自己處在新舊時代之間，提出「黑暗時代」這概念

來批評羅馬崩潰後的基督教世界文化落後。佩脫拉克和《十日談》的作者**薄伽丘**（Giovanni Boccaccio）是莫逆之交，二人的作品是現代意大利語的起源之一。佩脫拉克最重要的地方不單是發掘古代文獻，他的生平本身就是早期文藝復興人的典範——多才多藝而不失個性與開明思想，力圖把宗教的神性與人類的個性和幸福調和起來。

後來，佩脫拉克的學生，曾任佛羅倫斯執政官的**薩盧塔蒂**（Coluccio Salutati），把積蓄都用來贊助人文主義者和收集古文獻。他發現了西塞羅給朋友的信，扭轉了當時的人對羅馬政治家的構想，更重新引入在西歐失傳近900年的希臘語課程。早期人文主義者尚有發現盧克萊修《物性論》的**布拉喬利尼**（Poggio Bracciolini）、按古典史學方法寫了《佛羅倫斯人民史》的**布魯尼**（Leonardo Bruni）等。

十五世紀最重要的哲學家則為**費奇諾**（Marsillo Ficino），他在1484年把柏拉圖全集翻譯成拉丁語，嘗試重建柏拉圖式的學院，並且使新柏拉圖主義在西歐重新發展。相對前兩個世紀來說，十六世紀的人文主義有着更清晰的政治性發展，對現代世界仍然有直接的影響力。被稱為政治哲學、甚至可以說是現代哲學奠基人的**馬基雅維利**（Niccolò Machiavelli）出版了現實主義、非道德色彩濃厚與反對宗教的《君王論》；曾任英國大法官、空想社會主義的創立者**摩爾**（Thomas More）則寫成了講述公有財產、

社會平等的小説《烏托邦》。今天已成為世界級經典作家的**蒙田**（Michel de Montaigne）、**塞萬提斯**（Miguel de Cervantes）、**莎士比亞**（William Shakespeare）、**但丁**（Dante Alighieri）等，他們的作品也是文藝復興的果實。

文藝復興的神秘學説

人文主義推崇感性經驗與歷史變化，並不像中世紀般只強調永恆不變的真理，解放了長久以來的思想壓抑，這是文藝復興最有代表性的特質。但是，在這時代同樣極為流行的是神秘主義和魔法理論，尤其是成為熱潮的**赫耳墨斯主義**（Hermeticism）。赫耳墨斯主義相信一神論，但這個一神不僅僅是基督教的上帝，而是所有宗教的同一主宰；人透過智慧與魔法儀式，可以與神接觸、控制自然，甚至與不同時空的靈魂交流，這些魔法包括了通靈術、煉金術與占星術。費奇諾對柏拉圖靈魂學説的重新討論激發後人對通靈術、轉世説的想像；**阿格里帕**（Heinrich Cornelius Agrippa）所著的**《秘教哲學三書》**（*De Occulta Philosophia libri III*）更是神秘主義的經典，詳述了咒語、四元素的控制、諸天使的名字與作用、如何召喚惡魔等。這時期最有思想創造性的是**布魯諾**（Giordano Bruno），他按哥白尼的日心説發展了新的宇宙論思想、世界靈魂説，又大力抨擊天主教的神學教條。他最後被宗教裁判所定為異端，卻堅拒收回言論而被燒死，他至今仍然被視為以科學精神反抗宗教權威的代表人物。

在今天已經披上神奇色彩的煉金術士**浮士德**（Faust）、預言家**諾斯特拉達姆士**（Nostradamus）、英女王伊利莎白一世的顧問**迪伊**（John Dee）皆是文藝復興赫耳墨斯主義的代表。在這個潮流中，連牛頓私下也在鑽研煉金術。雖然赫耳墨斯主義奇幻而富迷信色彩，但不失為自然科學和語言學的新嘗試，也是物理學、化學與宗教的一種創意性結合。因此，別說是今天，就連當時的獵巫法庭也難以分辨研究者是魔鬼崇拜還是追求科學真相。

宗教改革與近代歐洲的奠基

文藝復興時代還包含了一個更具革命性的運動，塑造了現代世界的其中一個面向，這就是由馬丁·路德發起，**加爾文**（John Calvin）推進的**宗教改革運動**（Protestant Reformation），以及基督新教的建立。德國一帶的資產階級隨着西歐的手工業與商業發展而興起，他們不滿佔有大量土地但不事生產，而且常以苛捐雜稅斂財的天主教教會，因此資產者與教士兩個階級時常發生衝突。

原屬**奧思定會**（Ordo Sancti Augustini）的馬丁·路德在1517年寫了《九十五條論綱》（原名為《關於贖罪券的意義及效果的見解》），抨擊教廷販賣贖罪券，不承認教皇有減免人類罪惡的權威，又指責公教許多學說無聖經根據。他主張**「因信稱義」**（sola fide），認為信徒透過自己的悔改，而不需教會給予的寬恕也可以得到救贖。在倫理上，馬丁·路德

特別反對教會長期視貧窮為神聖，因此不作勞動、不積財產的風氣，而強調工作的重要性。他的思想深受人文主義影響，由此推動的宗教改革，觸發了新教徒對天主教徒的30年戰爭，奠定了近代歐洲的政治版圖。在思想上，宗教改革進一步消除壓抑人性的經院哲學與神學，使歐洲人開始普遍地質疑教會權威，轉而肯定自我行動。主體意識的抬頭一發不可收拾，在人文主義與宗教改革的力量下，以笛卡兒為首的近代哲學隆重登場。

理性主義

理性主義

1596 ● 　1600　1604　1608　1612　1616　1620　1624　1628　1632　1636　1640　1644　1648　1652

1656　1660　1664　1668　1672　1678　1682　1686　1692　1696　1700　1704　1708　1712　　　　1716

Renè Descartes
(1596-1650)

笛卡兒

1596年3月31日生於法國安德爾-盧瓦爾省的圖賴訥拉海，這個小鎮後來改名為笛卡兒，以紀念這位偉人。

10歲進入耶穌會創辦的學校學習，學習希臘和拉丁語言文學、哲學，對雄辯術、詩歌，特別是數學表現強烈的興趣。離開學校後取得法律執業證書。

1618年在荷蘭加入軍隊，但他更像是隨軍到處遊歷，其間認識了一位荷蘭醫學博士比克曼，激發了他對數學和科學的極大興趣。

1649年應瑞典女王邀請前往斯德哥爾摩講學，由於氣候寒冷和生活習慣改變，得了肺炎，於1650年逝世。

笛卡兒是法國近代哲學的開啟者，歐陸理性主義哲學的創始人。整個十七世紀的法國哲學以笛卡兒哲學為中心展開，十八世紀法國唯物主義也是以他的自然哲學思想為源泉。笛卡兒哲學鼓舞着法國唯物主義者認識和擁有自然，做自然的主人。此外，現象學創始人胡塞爾特別欣賞笛卡兒，稱他為「法國最偉大的思想家，他的沉思給了現象學新的衝動」。笛卡兒的「主體」概念，從誕生伊始就給整個哲學史帶來一場革命，後來的德國觀念論甚至到當下的法國哲學，都依然存在於「笛卡兒主體」的「陰影」之下。

普遍懷疑：如果惡魔一直在欺騙你

在笛卡兒身處的時代，一方面近代自然科學發展興旺，另一方面，伴隨着傳統經院哲學的衰落，懷疑主義的風氣蔓延。笛卡兒的哲學抱負是駁斥懷疑主義，為人類的知識尋求一個絕對可靠的基礎，並以此來重建整個知識體系。笛卡兒認為，找出一個絕對可靠的基礎是十分重要的任務，因為它保證建築於其上的整個知識體系是穩固的，否則，一旦基礎不可靠、可疑，導致將來被證實錯誤的話，整幢知識大廈便會在頃刻間坍塌。

笛卡兒認為，如果要在科學上建立起某種堅定可靠、經久不變的東西，就必須把自己有生以來所形成的一切見解統統清除，再從零開始重新建構知識大廈。由此，笛卡兒開始實行「普遍懷疑」的方法論。他將一般人視為確定無疑的事物，包括感官認識、外部世界、身體、數學和幾何都放進了懷疑之列。「清楚」和「明白」是笛卡兒哲學中兩個非常重要的概念。當一個觀念被顯現給一個專注的精神的時候，它就是清楚的；當一個自身是清楚的觀念能夠和其他觀念相區分的

時候，它就是明白的。例如，我們的理智能夠把握三角形的內角之和是180度，這個觀念對我們而言便是清楚的；我們的理解能夠把握三角形擁有三條邊，而不是四條邊、五條邊、六條邊，這個觀念對我們而言便是明白的。

雖然笛卡兒肯定懷疑的作用，但他並不是一個懷疑主義者。笛卡兒視懷疑為達到目的的手段或方法，懷疑最終是為了找出那不可再被懷疑的基礎，所以笛卡兒的懷疑是為了帶來肯定性的成果。懷疑主義者視懷疑為目的，致力動搖一切被確立下來的科學和哲學思想，但由於他們是為了懷疑而懷疑，因此他們終究對於一切東西既不肯定，也不否定，唯一可以做的就是保持不動心，不發表任何意見。

笛卡兒先後對感官認識、外部世界，包括自己的身體、數學和幾何加以懷疑，終於找到一個絕對不可懷疑的東西——作為我思的存在。於是，「我思」就成為了知識的可靠基礎，現在一切東西都可以以此為根據被推演出來了。到底笛卡兒是如何找到那個不可再被懷疑的基礎呢？

笛卡兒首先懷疑感官認識。首先，感官認識具有很大的相對性，總是因人而異，例如一個患有色盲的人和一個正常人所看到的事物的顏色是不同的。其次，感官認識有時會欺騙我們，例如，把一枝鉛筆放進一杯水中，人們會因為折射，而誤以為鉛筆彎曲。再者，感官認識有時不一定能夠如實反映

外物的真實情況，例如，我們抬頭望見的月亮很細小，但並不表示月亮真的這麼小。最後，感官認識畢竟和被感官認識之物有差別，如我們擁有的痛感不等於引起痛感的那口釘。

笛卡兒下一步對外部世界，以及我們的身體進行懷疑。人們怎能確定外部世界和自己的身體的存在，是確鑿無疑的呢？有時人們發現自己身在某處，做某些事情或看見甚麼，但一覺醒來發現只是一場夢。更何況，我們並沒有客觀的標準來區分現實和夢境，即使我們見到的東西真實無比，我們仍然可能只是身在夢境。接下來，笛卡兒設想了一隻能力非常強大，而且會騙人的惡魔，以論證他對外部世界是否存在的懷疑有其合理性和必要性。笛卡兒設想存在這隻惡魔，它用盡所有的機智來欺騙他，讓他誤以為天、地、顏色、形狀、聲音以及所看到的一切外界事物，甚至笛卡兒自己的身體都是真實存在的。惡魔論證的設想之所以如此極端，是因為過去笛卡兒對感官認識和外部世界的懷疑，其原因都可以歸結到人自身的有限性，例如，我的感官認識本來就具有模糊性，而做夢也只是人睡眠時的經驗。但惡魔則不同，它是專門被創造出來的，而且有意地做出不同的鬼把戲來欺騙我。換言之，透過夢境論證和惡魔論證，笛卡兒論證了外部世界和自己身體的存在始終是可疑的。

笛卡兒的「普遍懷疑」非常徹底，甚至連他自己鍾愛的幾何和數學也不放過。這次，笛卡兒並未讓惡魔出場，而是

設想了一個可能會騙人的上帝，它能夠使數學和幾何的真理失效。事實上，雖然笛卡兒對數學方法推崇備至，但他仍然認為上帝是一個凌駕於任何知識之上的獨立實體，上帝不單創造並且保證了幾何和數學的真理性，而且擁有絕對的意志和力量，這種力量能夠改變包括數學公理在內的一切自然知識和真理。

如此一來，笛卡兒認為感官認識、外部世界和身體的存在，甚至是數學和幾何總是不完全可靠，因此不可能成為人類知識的基礎。

我思故我在

笛卡兒先後對感官認識、外部世界、身體、幾何和數學加以懷疑後，終於發現了一樣東西是不可懷疑的，那就是「我在懷疑」本身。而且，縱使果真存在一隻能力強大、總是會想方設法欺騙我的惡魔，但不管這隻惡魔如何欺騙我，這個被欺騙、正在懷疑的「我」總得存在。如若不然，說惡魔在欺騙一個根本不存在的人，是非常荒謬的。所以，我們至少可以發現有一樣東西是不可懷疑的，那就是有一個正在懷疑着的我。我的存在，確切而言只是我的思維，而不是指我的身體，因為說不定身體只是惡魔製造出來欺騙我的把戲。這是即使最狂妄的懷疑論者也不可動搖的事實。由此，笛卡兒便提出了一個在西方哲學史上極其重要的命題：我思故我在。

笛卡兒的「我」只是一個思維着的東西，嚴格而言是一個純粹的思維活動。說它純粹，是因為笛卡兒的「我」只是思維活動，而不涉及任何思維內容。思維由思維活動和思維內容兩部分構成，而兩者總是緊密結合在一起。笛卡兒所理解的思維活動是廣義的，涵蓋思考、懷疑、領會、肯定、否定、願意、不願意、想像、感覺等。思維活動總是指向一定的思維內容，我的思考、願望和想像總是圍繞着某個對象展開。我思考和想像的對象和內容可能根本不存在、或是純粹虛構的產物、或可能是假的，但我的純粹思維活動，即思考、願望、想像本身的存在不可能有誤，它們作為我的純粹思維活動，是如此清楚明白地呈現在我心中。

笛卡兒的 Cogito, ergo sum 被翻譯為「**我思故我在**」（I think therefore I am）時，命題中「我思」和「我在」之間的因果關係容易使人聯想到三段論的推論。人們因此傾向認為，「我思故我在」是一個推論命題：所有思維着的東西都存在（大前提），我思維（小前提），所以我存在（結論）。不過，如果「我思故我在」是一個三段論推論命題，就很難理解為甚麼笛卡兒不直接把結論「我存在」作為其哲學的第一原理，而是「我思故我在」。

事實上，笛卡兒並不把「我思故我在」視作推論命題，而是理性直觀的命題。所謂理性直觀，是指「我思故我在」這個命題一目了然，清楚和明白地呈現在我們心中，並不需要任

何推論。既然「我思故我在」是理性直觀命題，而不是推論命題，我們應該如何理解連接「我思」和「我在」的「故」（所以）呢？其實它表示的不是思維和存在之間先後、因果或是從已知到未知的推論關係，而是表達了思維和存在之間的必然連繫，思維和存在兩者直接同一。黑格爾認為，「我思故我在」實際上相當於Ａ＝Ａ的傳統形式邏輯的同一律公理：思維＝存在。

我思，上帝存在

上帝在笛卡兒的形而上學體系中佔有非常重要的地位。當笛卡兒以「普遍懷疑」懸置了對感官認識、外部世界、身體、數學和幾何的確定信念後，對客觀世界的存在愈加懷疑，便反過來愈加突出了懷疑的主體（即認識的主體）的自明性。通過懸置除主觀思維以外的一切客觀東西，突出了作為思維的存在的「我」的明確地位。於是，笛卡兒只接受那些對於心靈而言是「清楚明白」的觀念。這個時候，笛卡兒發現自己心中擁有關於上帝的觀念，而這個觀念是如此無限圓滿和清楚明白。但到底這個無限圓滿的觀念是從哪裏來的呢？

笛卡兒認為，無限圓滿的觀念不可能來自有限的我，「我」作為一個有限存在者，不可能是我心中的無限圓滿觀念的作者。既然如此，這個觀念一定來自外部的無限存在者——神。至於有限的自我為甚麼不可能產生關於無限圓滿上帝的觀念，笛卡兒的理由和經院哲學家的思想基本上保持一致，

那就是原因的現實性不可能小於結果的現實性。舉例來說，人們不可以說一場遠在利比亞荒原上的暴風雨，影響了某個君主的情緒，使他作出了一個偶然的決定，從而影響了整個民族的命運；也不可說某個君主消化不良、某個女人有怪癖是挑起一場戰爭的原因。

在關於上帝的論證裏，笛卡兒採取了和**安瑟倫**（Anselm of Canterbury）一樣的本體論證明——上帝在創造我時，把關於祂自身無限圓滿的觀念放進了我的頭腦中，使有限的自我能夠擁有關於上帝無限圓滿的觀念。而我們則從這個觀念裏推導出上帝存在。而既然上帝是無限圓滿的，祂當然不會只停留在心中，祂必然也存在於現實世界裏。

總括而言，笛卡兒首先通過「普遍懷疑」破除了外部世界和身體存在的信念，動搖了感官知識的可靠性。然後得出了我思概念，又推導出上帝觀念，再者就是上帝存在和外部世界的存在。由於上帝是善的，所以祂不可能欺騙我。上帝不單使外部世界存在，也保證了數學和幾何的真理性。倘若缺乏上帝這個超越存在者的保證，笛卡兒就很難實現由主觀心靈領域到客觀世界的連接。沒有上帝來保證外部世界存在，我們的觀念就只能局限在主觀領域之內，即便我擁有蘋果樹存在的觀念，但我怎能知道我擁有的觀念果真對應真實的客觀情況，而不是純粹個人主觀的幻想、狂想、妄想抑或做夢呢？

笛卡兒：走過懷疑之路

三種觀念與相應能力

笛卡兒研究人類的各種觀念時，區分了三類觀念，包括：天賦觀念、外來觀念和自造觀念，三者分別對應三種認識能力：理智、感覺和想像。

天賦觀念包括「我思故我在」、上帝存在、幾何和數學公理等普遍原則，也包括關於外部事物的廣延、形狀、運動和靜止等觀念。天賦觀念有三個特徵：（1）它是清楚明白的；（2）它是我們與生俱來的，出自我們的本性，即便世界上沒有三角形圖案，我們的心靈仍然擁有三角形圖案的觀念。但由於笛卡兒認為我們皆由上帝創造，所以天賦觀念終歸是來自上帝，而不是來自外部世界或我們的內心；（3）它是對客觀事物的正確認識，天賦觀念既然是上帝給予的，由於上帝的本性是善的，不可能一方面賦予我們天賦觀念，但另一方面又把事物做成與我們的天賦觀念不相符。

假設我們擁有一塊蜂蠟，它有顏色、大小、形狀、氣味和硬度等諸多可感知的屬性，但只要我們把它移到火爐旁邊，一段時間後，這些屬性就會消失或變形。但無論外在屬性如何

變化，它不可能不佔據空間（即擁有廣延：長、寬、高三個向度）；又或者我們可以通過思想的抽象，把一個有形體的東西的所有屬性都抽掉（即假定它們不存在），而到最後那個不可以被抽掉的東西就是廣延。而這一點總是可以被我們的理智把握。呈現在我們心靈中的廣延雖然只是上帝賦予我們的抽象觀念，不具備任何感性事物的特性，但它的確構成了外部世界中所有具體事物的本質。

外來觀念來自某些外在於我的東西，它經由感官中介，而呈現在我們心靈中。例如，我聽到某種聲音、看見了太陽、感覺到熱的話，就可以斷定這些刺激我們感官的事物必定來自我以外的東西。自造觀念則出於心靈的虛構和憑空捏造，例如人魚和獅身鷹等怪獸。

笛卡兒突出天賦觀念的作用，旨在為知識提供一個可靠的基礎，然後以此來推演其他知識。笛卡兒很推崇邏輯演繹法，而天賦觀念的地位就在於它是邏輯推論的前提。從這些可靠的前提出發並經過嚴密的邏輯推理，我們就能夠獲得科學的知識。知識之所以具有確定性和必然性，正是源於作為前提的天賦觀念本身具有確定性和必然性。

身心問題

笛卡兒指出，只要我能清楚和明白地領會一個東西而不牽涉到別的東西，就足以確定這一個東西跟另一個東西有所區別。

當我將理智投注於自身時，我有了一個清楚和明白的觀念，即我作為一個思考着的東西而存在。也就是說，僅僅通過「思維」這個觀念，我就能夠同時確實地認識到我存在。因此，我的存在沒有其他本質，只有思維。雖然我也有一副肉身，我和肉身似乎難以區分地結合在一起，但是如果我們假設心靈與肉身相關，即將物質這個屬性賦予心靈，這種屬性與我們通過證明得出的知識——即心靈只有思維這個本質——毫不相干，也因此毫無必要。因而我們可以說，通過這段「懷疑之路」，笛卡兒證明了心靈是和肉身不同、並且可以完全和肉身分離的思維實體。

雖然笛卡兒認為心靈可以不依附於肉身而存在，但他並不認為肉身不存在。在他的本體論裏，肉身是物體的一種。物體的本質在於廣延，而心靈的本質在於思想。物體是一個廣延的但不能思維的東西，心靈是一個思維的但沒有廣延的東西。物體和心靈在性質上完全不同。

在笛卡兒的思想中，存在三個實體：上帝、心靈、物體。上帝是絕對的實體，而心靈和物體則是被上帝創造的實體。人的意識屬於心靈，身體屬於物體，人是由心靈和身體共同組成的，這是不言自明的事實。但在理智看來，兩者在本性上是截然不同的實體。那麼，兩個本性不同的實體如何能夠進行因果交互作用呢？也就是說，心靈如何操控身體移動，身體又怎樣將感官刺激轉換成知識和思想呢？

笛卡兒設想，在我們頭腦中存在一個松果體，它能夠擔當溝通兩者的橋樑。肉體通過「動物精氣」把外來的作用傳送至松果體；心靈寓於松果體中，驅使和指揮「動物精氣」的運行，使身體產生相應的行動。

斯賓諾莎
Baruch de Spinoza
(1632-1677)

1632 年生於阿姆斯特丹一個富裕商人家庭。

幼年受到良好教育，曾與家庭教師的女兒兩情相悅，但最終敗給另一位青年而未能如願娶她為妻。

考慮到斯賓諾莎的無神論傾向，猶太教會曾允諾每年給他 1,000 盾金幣，讓他安分地留在教會。斯賓諾莎拒絕，此後，教會開始對他進行迫害，甚至想殺害他。斯賓諾莎最終和教會決裂，被驅逐出教會。

雖然一生過着貧窮、平靜的隱居生活，以磨光學鏡為生，但他卻並不孤僻，並結交了很多朋友，其中包括當時已經大名鼎鼎的萊布尼茲。

1677 年死於肺結核。

斯賓諾莎的思想對後來的哲學產生了深遠影響。儘管在生時已經聲名鵲起，但斯賓諾莎的名聲在十八世紀更上層樓，並對十九世紀歐洲浪漫主義文學產生深刻影響。他的實體學說不僅啟發了與他同時代的萊布尼茲的單子論，也間接啟迪了德國古典哲學的謝林和黑格爾的哲學系統。伏爾泰奉他為「令人陶醉的神人」，黑格爾說過，哲學家「要麼是斯賓諾莎主義，要麼不是哲學」。當代哲學也有復興斯賓諾莎的趨勢，阿圖塞、內格里等歐洲哲學家都用自己的方式重新詮釋他的哲學；德勒茲和瓜塔里封他為「我們哲學的聖子」。

EP20 斯賓諾莎：
所有東西都有神的屬性

絕對無限的上帝！

斯賓諾莎最重要的著作雖然名為《倫理學》，卻不是以社會關係或人性良知等問題作論述起點，而是先對神和世界的本性作出分析。要了解斯賓諾莎的神論，必須首先把握他的限制和實體理論。

（1）**自類有限**（in suo genere finita）：一個事物如果會被其他事物所限，它便是有限的；說一個事物是有限的，也就否定了它除了自己的性質之外還具有其他性質；

（2）**自類無限**（in suo genere infinita）：如果一個事物不會被同一個類別的其他事物所限，那麼它就是自類無限的。說是自類，因為它能局限其他本性相同的東西，而不能限制和它本性不同的東西。也就是說，世界上有無數個自類無限，各自包含着涇渭分明的本性，一個自類無限和另一個自類無限之間互不干涉。

超越並統合這兩者的，還有**絕對無限**（absolute infinitum）這個範疇，這就是斯賓諾莎整個世界觀的終極根基。這裏我

141

們可以從斯賓諾莎的實體定義談起。讓我們以三角形為例子來理解自類有限和自類無限的關係：

實體（substantia）：通過自身，而不需透過其他事物就能被生產和被認識的東西；

屬性（attributus）：構成一個實體的性質；

樣式（modus）：一個實體的各種變化模態。各種模態不是實體本身，但仍然屬於同一個實體。

可是實體究竟是甚麼呢？如果我們假設三角形為實體的話，那麼：

實體 ＝ 三角形；

屬性 ＝ 三條邊線首尾相連、內角和等於兩個直角；

樣式 ＝ 等邊三角形、等腰三角形、不等邊三角形等。

等邊三角形、等腰三角形、不等邊三角形都是三角形的樣式；認識等邊三角形就必須先認識三角形，換句話說，三角形是等邊三角形的限制；三角形相對各種樣式來說，便是自類無限，因為它包含所有樣式。但我們知道三角形只是幾何圖形的其中一種，我們再推論上去就會出現假設了幾何圖形是實體的另一個關係：

實體 ＝ 幾何圖形；

屬性 ＝ 最少三條邊線首尾相連、構成閉合的平面；

樣式 ＝ 三角形、四邊形、梯形等。

也就是說，三角形只有跟等邊、等腰、不等邊三角形聯繫時才算是自類無限；如果它跟四邊形、梯形聯繫時，則成為幾何圖形的樣式，被幾何圖形所包含，所以我們知道三角形既不是最高的自類無限，也不可能是實體。從幾何圖形再不斷推論上去，我們可以得出以廣延，即佔據一定的空間並排除其他物質，作為屬性的物質是其中一個最高的自類無限，即它是同一本性中最大的東西。但推論下去的話，物質以外還有精神。而以廣延作為本性的物質，與以思想作為本性的精神，各自也包含了無數個模態，因此，它們仍然不是終極的實體。事實上，世界上有無數個互不干涉但又並存的自類無限，那麼，是否有某個東西包含着它們呢？此時，絕對無限這個概念就派上用場了。

絕對無限指能包含一切自類無限的終極物，換句話說，沒有外在於它的東西，也沒有不是它的東西，絕對無限只有肯定，沒有否定，它只有存在，沒有不存在。絕對無限包含所有東西而不被包含，亦即是說它不以外物為因，而以自己為因，所以是唯一的實體。斯賓諾莎所定義的**神**（Deus）便是這個絕對無限的存在、唯一的實體。

被教廷驅逐的神論

斯賓諾莎的實體論其實就是神論。在這方面，可能沒有一個思想家比他引起更多標籤上的衝突。斯賓諾莎認為一切東西都是神，學術界一般描述他為泛神論的代表。事實上，雖然他定義神是一切東西的終極因，但一切東西只是神的樣式，而不是神本身，所以說他是泛神論者並不完全正確。又因為斯賓諾莎定義唯有神—實體才必然存在，其他東西都不一定存在，所以黑格爾便說斯賓諾莎更接近無世界論。為甚麼斯賓諾莎的同代人會攻擊他是無神論者，將他驅逐出猶太社區，甚至惹起宗教狂熱分子的刺殺呢？這是因為他對神的定義——神必然存在，而且包含一切，沒有缺乏，沒有虛無——包含了兩重的激進性：

第一，因為一切東西都是神的不同樣式，所以世界不需要被祂由空無一物中創造出來，世界本來就是神的部分。所以猶太—基督教的奠基教義，即神創世論便在斯賓諾莎的神論中完全站不住腳。

第二，無論在定義上有怎樣的差別，意志都是以外在於它的東西作為行動對象的。而神既然沒有缺乏，即沒有外在於祂的東西，那麼祂就沒有意志，也沒有情慾、愛憎、偏好。因而，猶太—基督教的《聖經》中所描述的那個會復仇、會憐憫的上帝也就絲毫沒有絕對無限性可言。

儘管將神定為絕對無限，斯賓諾莎卻反對宗教崇拜。富有反諷意味的是，宗教在崇敬上帝，把上帝奉為最高者而對祂祈禱和許願時，實際卻把上帝的絕對性減弱了。人們祈禱，也就是相信自己的個人需求能夠改變上帝的行動，亦即相信自己能限制上帝，比上帝更有力量。斯賓諾莎認為這無疑是瘋狂。斯賓諾莎完全用理性的方法來定義神，將祂放到最高位置，反而使宗教崇拜變得多餘，從而將罪惡說、拯救說、神的賞罰以至整套猶太─基督教神學歸為人的成見。在《神學政治論》中，他也批評人因為自己的情慾、貪婪和恐懼，容易失掉理智，墮入迷信和騙局中，胡亂地把任何東西都當成神諭。就像亞歷山大大帝在屢戰屢勝的時候對神祇、占卜不聞不問，但在戰事不順、身體患病的時候卻不斷向先知索取意見。正是因為斯賓諾莎不單在教義解讀上，而且在整個宗教的存在理由上都加以嚴苛的批判，猶太社區才以最嚴重的禁令懲罰並詛咒他，並禁止任何人與他說話和通信。但是，斯賓諾莎也沒有停留在怨恨中，也沒有因為自以為找到最高的存在便嘲諷宗教信徒，相反，他將理論擴展到對人的成見與情感的分析，並論證唯有人的天賦理智才可以令自己脫離暴政與欺騙的殘害。

**斯賓諾莎：
好壞的準則只有力量增減**

世界就只有秩序和必然性了

斯賓諾莎在《倫理學》中以神論開首，使大多數解讀者的目光都停留在其中複雜的世界觀上，而忽視了他的神論其實是用以消除人類的迷信和瘋狂，以及促進社會的和諧、理性的尊嚴與人類的幸福。正正是因為神沒有缺乏、沒有意志與愛憎，人類也根本沒有理由把神當成父親或君王來侍奉。整個世界都是神的模態，而且是由神的必然本性引發出來的，所以世界的運作也有着定律，但沒有善惡和未達成的目的。因此，人要做的是科學地理解自己的處境如何被定律決定，進而改善規劃與行為，而不是在發生災害時詛咒或求饒，在富庶時則感恩或驕傲，以為神在賞善罰惡。斯賓諾莎推論神與世界都只有秩序與必然性，沒有偏好和偶然性，每個事件都是由一系列的原因導致。而思想及思想的模態，例如人的心靈、情感和意志也一樣由一系列已發生的事件產生。

換句話説，思想與物質都有必然性、限制和層級，而沒有所謂無拘無束、可以獨立於限制的自由意志。斯賓諾莎批評過十四世紀哲學家布里丹提出的**驢子論證**（Buridan's ass），

這個論證設想有一頭飢和渴程度相等的驢子，在牠左邊是乾草，相同距離的右邊則是水，自由意志的存在使驢子能夠選擇其中一樣，牠因此不會餓死或渴死。斯賓諾莎認為，假如數個對象都有着同等的獲取條件和滿足性時，也就是說，它們對人有絕對同等的吸引力時，人只會被各道力均衡地拉扯着，他並沒有自發力去選擇靠近其中一方。斯賓諾莎認為在這處境中的驢子只會飢渴至死。

人在眾多個對象中選了其中一個便覺得自由，因為他猜想自己本來也可以選別的，但斯賓諾莎指出，其實諸事物已經有力量的差別，足以主宰人的選擇，選擇自由不過是妄想。斯賓諾莎有時候被視為一個命定論者，便是因為他否定自由意志的存在。但如果他只是提出逆來順受、叫人於苦難中安分守己，那麼人的理智又有甚麼積極意義呢？幸福又是否只能透過自娛來達致呢？對於這個倫理問題，斯賓諾莎提出了情感和知性兩個方法。

在愛與恨之間轉換

斯賓諾莎的世界觀只有一系列必然的因果性，黑格爾就批評他的哲學體系沒有關於個體性的原則。可是反對黑格爾而又讚揚個性的尼采為甚麼會歌頌斯賓諾莎，認為在真理高山上只有孤獨的他倆？因為斯賓諾莎強調只有倫理的好壞，沒有由神主宰、先驗的道德善惡，而且這個好壞只有一個準則，就是力量的增減：能夠維持或增強生命力的東西是好的，

減弱或傷害生命力的東西是壞的，食物和毒藥就是例子。但是，如果只講力量的增減，社會豈不成了一個弱肉強食的世界？這難題關係到斯賓諾莎的情感理論，力量增減在人的心靈反映便是愛與恨兩種元素，各種各樣的情感不外乎是愛恨引發的作用與交纏。它們最直接的作用是使人趨樂避苦，以維護和增強自己的生命（自愛）；而一旦人與人之間進行愛恨互動，便促成了連結（友愛）和分野（敵意），也使人為了避免別人的恨而不做惡事（畏懼），或者為了回報別人的愛而做促進他人力量的事（謝意）。

然而，人與人之間的愛恨並非經常對等，比如一個人的愛的對象與其他人有更親密的關係，他便會因為慾望受挫而痛苦，轉而恨他原本愛的人（猜忌）並且期待別人失寵（嫉妒）。嫉妒是最不健康的情感，因為嫉妒者對他人的幸福感到痛苦，對他人的災難和傷亡感到快樂。這種愛恨不對等與游離，便是斯賓諾莎定義的情感波動。愛恨的波動在同理心的影響下有更多的複雜性，如果一個人愛一件物件，他又知道他愛的人也愛這東西，這東西就給予了他雙重的力量，他對此物的愛也會大大強化，在佔有這物件時便會感受到榮譽。

如果一個人知道別人恨他，他也會以憎恨回報（仇恨）。但是愛和恨可以逆轉，如果一個人愛別人而投其所好，但卻被別人加害（恩將仇報，即殘忍），他將以更大的恨回應，這

種因愛而來的恨伴隨着強大的痛苦。同理，愛一個恨你的人也有機會使他的恨轉換成比平等關係更強的愛，這就是愛的征服。愛本來就附帶着快樂，而由征服恨而得的新快樂，使這種愛有着偉大而持久的力量。因此，雖然倫理好壞是以力量增減作準則，但並不是說社會只有此消彼長的鬥爭，而是說人類整體可以在互愛與寬恕之中，共同增長力量——最有助人增進力量的，就是與他人的團結。

雖然愛的征服力使人類整體共同進步，但愛仍然是一種情感，被外部對象的存在和態度所影響。再者，多數人都缺乏控制情感乃至轉恨為愛的控制力，因此人常常被命運制宰，在痛苦下容易墮入迷信與瘋狂中。斯賓諾莎認為，情感的軟弱就是人類被奴役的起因，然而他並不是禁慾主義者，主張人與外物中斷關係，反而認為人可以透過知性將情感轉化成觀念，亦即將感受和衝動轉變成冷靜認知的對象。這要如何做到呢？

首先，斯賓諾莎指出，情感既有混沌被動的樣式，也有以真觀念為基礎的清晰樣式，而清晰情感有更強的降服能力，可以取代被動情感。其次，我們談到斯賓諾莎的實體—樣式理論，他指出情感是心靈的樣式，而心靈也是神—實體的樣式，亦即是說，情感雖然可以激發人的瘋狂，但因為它也是世界的一部分、按因果性運作，所以情感和刺激物也可被當作自然物一樣分析和理解。假如人理解到一切刺激物的存

在有其必然性，亦即對它構成了真確的觀念，便能以清晰的情感克服波動的情感。這便是斯賓諾莎認為知識是拯救人擺脫奴役，通向力量增長、靈魂滿足和自由的最真確方法的原因。

萊布尼茲
Gottfried Wilhelm
Leibniz
(1646-1716)

1646年生於萊比錫一個知識分子家庭，父親是萊比錫大學教授，但很早去世。

在母親的嚴格教育下，十六歲進入大學修讀法律，二十多歲就完成了博士論文，但萊比錫大學因他太年輕而未授予他博士學位，後來另一所大學接受了他的論文並授予他學位。

後來，在一位男爵的舉薦下在美因茨擔任外交官。其間因出使緣故，得以結識當時著名學者惠更斯、馬勒伯朗士等。

他是一位百科全書式人物，精通數學，與牛頓同時發明了微積分，在物理學、醫學等方面都有很高的造詣，也是最早研究數理邏輯的人。他還涉獵過比較語言學、圖書館學。

1716年逝世於漢諾威。

萊布尼茲並沒有像笛卡兒和斯賓諾莎那樣，建立嚴密的哲學體系，但他試圖將霍布斯重視的經驗真理與笛卡兒、斯賓諾莎提出的理性真理學說結合起來。儘管他的形而上學是十七世紀形而上學的一種綜合，但他對後世的直接影響，更多地體現在他作為數理邏輯的創始人這個層面上——英國哲學家羅素甚至稱他為「數理邏輯之父」。

EP22　萊布尼茲：無可分解的單子

事物切到最小，就是單子

知識論的經驗主義與理性主義之爭，可說是整個哲學史發展最鮮明的主軸。在古希臘時代有柏拉圖的理型論反對普羅泰戈拉的認識相對主義，在十八世紀則有康德的觀念論批判休謨的懷疑論經驗主義。這兩次論爭的名氣，常常使人遺忘另一位理性主義代表——萊布尼茲。圍繞整個萊布尼茲思想的要領，是事物的**無限細分**（infinite divisibility）與**緊密連接**（law of continuity）原則，他按這個原則建構出他最著名的哲學體系——**「單子論」**（Monadology）。聽上去「單子」和德謨克利特所講的「原子」很類似，但這個體系並不只是一套本體論假想，而是涉及到靈魂論、知識論以及神論的一個整全學說。

「原子」（atom）自身並無內容，每一粒原子都是一樣的，它們要透過互相連結、碰撞和排序，亦即要構成關係才會表現成萬事萬物；萊布尼茲所講的**「單子」**（monad）不需要與其他單子結合，自身便已經有性質，而每一粒單子都有質的差異。萊布尼茲以此解釋為甚麼自然界沒有兩個完全一樣的事物。傳說他在宮廷中講解過單子的相異律，宮女們都大

感質疑，走去御花園找兩塊相同的樹葉，卻發現無論多相似的樹葉都必定有細微的差別。那麼萊布尼茲是怎樣論證「單子」的存在和特性呢？他提出了以下證明：

一切東西都是複合物，亦即是更小的部分的結合。這些更小的東西又可以被不斷切割直到最小、最純粹，亦即不含部分和不可再切割的單子。

單子特性證明：

1. 單子自身沒有廣延與形狀。因為廣延與形狀即是單子羣的分佈狀態，所以唯有複合物才有廣延與形狀；

2. 單子自身沒有開始與終結。因為事物的開始與終結即是單子的組成與消散，所以唯有複合物才有開始與終結；單子只能被上帝一次性地創造出來，以及被上帝一次性地毀滅，不像複合物的開始與終結所反映的是單子逐步增減的過程；

3. 單子自身是「無窗的」，亦即沒有外物可以進入單子。因為出入口只不過是單子羣的開合，所以只能在有廣延的複合物中形成。

這些特性意味着單子是構成一切事物的無形實體，它們沒有生成又沒有死亡，一粒單子不會被其他單子改變其內部。複合物是單子的結合，單子是複合物的分割。

無限細分的原則與變化

萊布尼茲按事物可被無限細分但又緊密連接的原則，來論證複合物與單子的關係，他用同樣的原則來論證變化是甚麼：事物的變化是一個持續而漸進的過程，亦即一方面遠離原狀，另一方面又接近新的**情狀**（affection）。比如說，一鍋水被火爐加熱，水的溫度並非由攝氏20度一下子跳到80度，而是先增加至20.01度，到20.02度，然後逐步增溫至80度。按無限細分原則來說，20至80可以被分割成無數個數值，所以這鍋水不是只有20度與80度兩個情狀，而是有無數個情狀。

這裏舉例的水和火爐都是複合物，但萊布尼茲認為這個變化原則也可套用在單子上。單子雖然不會生滅，也不會被其他單子改變其內部，但萊布尼茲設定單子並非一成不變，而是可按它的內在原則來變化。因此，萊布尼茲的單子有一個重要特性，它是包含多的一，它能永遠保持自己的存在，但內部可以有無數多的情狀。

單子就是靈魂

我們理解了單子的規定後，便可以探討萊布尼茲如何設想由單子構成的世界。萊布尼茲的知識論被歸類為理性主義，一方面是因為他反對洛克的「白板論」，認為心靈恰如有紋路的大理石，縱使要透過後天的雕刻（感官經驗），但它本身

已有先天的性質，直接決定它被雕飾後的形態（知識）。這一個論點後來被康德全面吸收，改造成知性的十二範疇；另一方面就是因為他從單子論出發，主張**知覺**（perception）其實就是單子的情狀變化，而**慾望**（appetition）就是內在於單子、推動它由一個情狀變成另一個情狀的力量。單子因此不是呆滯被動的最小物質，而是能動的靈魂。這一點正是萊布尼茲哲學最特別的創見，他不認為知覺只是人類或動物的其中一種機能，而更加是事物的性質——既然一切事物都由單子組成，而單子的變化就是知覺，也就是說，一切事物都有知覺，一切事物都由靈魂組成。

當時的笛卡兒派思想家認為，意識是靈魂的根據，亦即知道自己思想着的才是靈魂。如此推論，作為靈魂載體的思想者死亡之後既然沒有意識，靈魂也就不存在了。萊布尼茲認為，他們忽視了靈魂是實體這個事實，狹隘地以意識和心靈活動來規定靈魂，所以誤信靈魂有死論。從單子論來看，單子—靈魂既構成一切事物，那麼死物、動物與人類之間便不是有靈與無靈之差，而只有知覺清晰程度之差。所謂的知覺清晰程度，同樣是以事物無限細分原則來作標準。比如說你這一刻拿着這本書閱讀，是一系列前因所引起的：你買了這本書、這本書被放在書架上、這本書被印刷出來、印刷術和造紙術被發明出來……更清晰的知覺當然可以把這個因果系列分割得更仔細：你的右手捏着書的頁角，由0度逐步逐步

翻到1度、5度、以至90度、以至180度，你終於從前一頁翻到本頁，接着光線照到書紙上再反射到你的眼睛，再通過腦部構成影像……單子的知覺清晰程度越高，越能分辨和意識到事物的微細差別與緊密連繫。

上帝與預定和諧

萊布尼茲按無限細分原則來推論出單子論，反過來說他也是用單子論來中止無限分割；按同樣原則，因果系列可以無限細分以及向前推導，如此也必須有一個終極因去成為一切事物和全部單子的起源，才得以中止這個無限推移——亦即必定有一粒單子中的單子、實體中的實體——上帝。萊布尼茲設定單子是「無窗的」，不能影響其他單子，每個靈魂——無論是聖人、愚人、動物、昆蟲等無數事物，都按着自己的知覺清晰程度，構成包含了無數情狀的無數個獨立世界，但它們並非完全自閉，因為它們都被上帝這個絕對者統一。

上帝比這些不斷疊加的無數更大，是真正的無限，祂的知覺完全清晰，看到全部事物的最微細的分割和連接，即是說上帝沒有無意識。萊布尼茲認為，每一個單子一方面有獨立於其他單子的實體性和尊嚴，另一方面它們又在自己的角度反映上帝所創建的總體世界。上帝知悉全部事物的全部情狀，又因着祂的善，使每粒不完美的單子能結合構成一個最完美的總體世界，他稱這個秩序為**預定和諧**（pre-established harmony）。

第4章

經驗主義

第4章

經驗主義

柏克萊（1685-1752）

1686　1693　1700　1707　1714　1721　1728　1735　1742　1749　1756　1763　1770　　●　1776

休謨（1711-1776）

霍布斯
(1588-1679)
Thomas Hobbes

1588年生於英格蘭威爾特郡，其父是當地牧師。後來因躲避一次爭執逃往倫敦，由叔父撫養長大。

獲得學士學位後，成為一位伯爵長子的私人教師，有機會訪問歐洲大陸，與知識界的許多重要人物交往。

在1610年到1615年期間到歐洲大陸的訪問中，開普勒和伽利略的科學發現給他很大鼓舞，促使他決心獻身學術研究，後來又經引薦成為哲學家培根的秘書。

1660年斯圖亞特王朝復辟後，霍布斯被認為宣傳無神論思想，一切著作被禁止發表。

1679年逝世。

霍布斯的《利維坦》實際上是近代政治思想史上第一部關於國家學說的專著。他在抽去了中世紀神學內核之後，從極其簡潔的預設出發，推導出現代主權國家的法權結構。其中，自然狀態、社會契約都是他首先描述之後才被洛克、盧梭發揚光大的。他對後世的影響不可估量，法哲學家卡爾‧施密特、哲學家班雅明和阿甘本等，都從他的政治與神學思想中汲取營養。他對利維坦的神話、主權「例外狀態」的關注，極大地啟發了由傅柯開啟的「生命政治」思潮，並在某種程度上預言了當代的國家主權狀況。

認識來自感覺

霍布斯是一位難以歸類的哲學家，他的哲學同時注重數學式理性推論，又以感覺經驗為基礎，展現其獨特的唯物主義經驗論哲學。在《論物體》第一章中，霍布斯指出，哲學的對象並不包括一切事物，而只包括能夠被組合或分解的事物，以及擁有特性或生成過程的事物。換言之，哲學的對象就是純粹物體。霍布斯特別強調，哲學的對象不是神學和形而上學，它們只是「無法被談及、抽象的、超越感覺的東西」。霍布斯的哲學就是以推理了解對象事物的因果關係，並由此得到的知識。另外，霍布斯認為，哲學的目的不在於求真或獲得智慧，而是為人帶來福利。累積知識是為了得到更多力量，而知識則用以謀取更大福利。

一切知識也是源於感覺經驗。霍布斯指出，物體作為認知的對象，會向我們的感官產生壓力作用，我們因此了解其性質並產生相對應的觀念。比如說，我坐在一盆紅玫瑰旁邊，通過視覺，我凝視着玫瑰，得到紅色、鮮花等觀念；通過嗅覺，得到芳香的觀念。物體對象是我們一切觀念的客觀源頭。

然而，感覺同時是我們身體內部運動的結果。當外在物體對象向感官產生壓力時，會直接引發我們身體內部的運動，並通過神經直達大腦和心臟。此時心臟會基於運動作出向外擴展的抗力或**努力**（endeavour），從而形成感覺影像。這種努力，霍布斯理解為人的心理傾向或意向，而這種意向總是主觀的。簡而言之，感覺是由外在物對感官產生的壓力，及由此引發身體向外的努力運動所組成。感覺是把客觀物體對象轉化成主觀的影像。總之，霍布斯強調一切知識源於感覺。

萬人對萬人的戰爭

霍布斯認為，國家不是本來就存在的，而是人們彼此立定**契約**（compact）的產物。於是，霍布斯設想前國家時期的人處於一種原初狀態，稱之為**自然狀態**（state of nature）。霍布斯通過自然狀態剖釋他對人性的看法及訂立契約的必要理由。霍布斯認為，在國家、社會甚至原始氏族社會皆尚未存在的自然狀態中，縱然每個人存在體能或心智上的差距，其本質上仍是獨立而平等的個體。然而，霍布斯認為人性非善，人在自然狀態中本能地展現「**自我保存**」（self-preservation）的天性，就是讓自己可以存活下去。為了存活，人彼此之間似乎無可避免要展開鬥爭，霍布斯形容為「**人與人之間形成豺狼般的敵對關係**」（homo homini lupus, man is a wolf to man）。霍布斯特別強調，引起鬥爭的原因主要有三點：第一是競爭，第二是猜疑，第三是榮譽。第一個原因是人們貪圖利益，為此不惜以

暴力手段奴役他人;第二個原因是人們會求取自身安全,同時保障自己擁有的一切資產;第三個原因是為了使他人尊敬甚至畏懼自己而彼此進行鬥爭。

在以上的原因中,霍布斯認為,最為重要的是人的「自我保存」本性,因為若然喪失性命,一切頓時變得毫無意義,所以自保的天性令人長期處於恐懼當中。霍布斯認為,這種本性同時意味着人性是貪婪的,得一就會想二。為了保障自身安全,人們通過鬥爭累積資產及權勢,自然造成無止境的欲求傾向。因此,在自然狀態中,人為了擺脫恐懼,同時依循了本性,必然到處引發鬥爭。霍布斯形容這種混亂的狀態為「萬人對萬人的戰爭」(bellum omnium contra omnes),或譯作「所有人對所有人的戰爭」(the war of all against all)。

以當前很流行的喪屍電影作為一個理解霍布斯的實例。設想一羣孤立無援的人被困在狹窄的安全屋內,外面盡是張開血盆大口的的喪屍。這羣人互不相識,但屋內的補給僅僅足夠一半人維生至下次救援來臨。生死當頭,每個人都會為了活下去而盡量奪取更多的資源,這個情況就和霍布斯所說的自然狀態一樣,為求一己之利與他人鬥爭。在這個情況下,沒有人會充當維持秩序、執行公平的法官或是裁判,相反,情況會變成無秩序狀態。這即是依循生存本性而展開的「萬人對萬人的戰爭」,實際上是人對資源和生存的基本追求。

從海洋來的政治巨獸

然而，這種戰爭狀態並不會令恐懼停止，無休止的鬥爭只會帶來不斷的傷亡及損失，長久下去不利於保存自身安全。故此，人通過建立國家制度來協調各人之間的鬥爭勢力，以達至安定生活。《利維坦》是霍布斯政治哲學的代表作品，而「利維坦」一詞源於《希伯來聖經》，意指一種海洋巨獸，亦有「扭曲」、「漩渦」的含義。霍布斯把國家比喻為利維坦，以強勢政權運作的國家才是最能維持安定的政治體系。霍布斯一如既往，視一切探討對象為純粹物體，其政治論則視國家如一個有機整體。在「利維坦」中，國家的主權就是靈魂，國家的官員就是關節，他們的作用是連接最高主權和各個關節從而推動國家運轉，一切人民的資產就是「利維坦」的實力，人民的安全是它的事業，和睦是它的健康，內戰則是它的死亡。

霍布斯的強勢政權體制提倡絕對君權，而社會契約是證成絕對君權的第一步。霍布斯指出，契約需要一個公共權力來保障，以免有人企圖違反契約。按照全體公民的意志訂立契約，亦即是所有公民同時同意把自己的權力託付於一個掌權者手中。於是，個人意志須服從掌權者的意志和判斷力。達到這點之後，那個統一在單個人格之下的羣體就是國家，那個代表眾人意志的個體就是君主。霍布斯認為，只有這樣才能夠確保鬥爭停止，為社會和公民帶來安穩。這個唯一絕對

掌權的君主有如海洋巨獸利維坦一樣，擁有絕對的力量遏止任何其他鬥爭的可能，所有公民也要無條件地順服，如此就能夠避免回到混亂並且充滿鬥爭的自然狀態。

約翰・洛克
John Locke
(1632-1704)

1632年生於英格蘭薩默塞特郡的靈頓鎮，父親是鄉村律師。

1652年進入牛津大學基督學院學習，一路考取文學碩士學位，後來成為希臘文講師。求學期間他對醫學產生了興趣，後來獲得了行醫許可證。

在牛津期間，他還與著名的實驗科學家波義爾（Robert Boyle）一起進行科學研究，1668年被接納為英國皇家學會會員。

1667年成為朋友阿什利勳爵的私人醫生，為其治好了嚴重的肝病，還成為他政治和經濟事務的助手。

從1671年開始，用了十餘年撰寫《人類理解論》，後來也回應了人們對這部著作的反擊。遺憾的是，萊布尼茲的評論和作品沒有得到他的重視。

1704年病逝。

洛克是近代經驗論的先驅之一，後來的經驗論哲學家不僅繼承了洛克的問題意識，還把他的理論作為自己思考的起點。而且，在西方近代哲學史上，第一個明確主張把認識論放在哲學中心位置的人就是洛克，是他把認識論的研究作為說明和解決一切哲學問題的基礎和入口。單就這一姿態而言，我們不得不說洛克影響了康德的「批判」哲學。另外，現代自由主義，特別是美國國父們的建國政治理論框架，可以說也是直接來源於洛克的政治思想，傑弗遜把他稱為「史上最偉大的人之一」。

EP24 洛克：心靈是一塊白板

心靈是一塊白板

洛克關注人類認知的問題，包括人如何認知一切事物、人的認知能力是否有限、有甚麼確保事物，以及人認知的客觀性等。他認為一切構成知識的元素也是來自**觀念**（ideas）。當人經驗以至認知事物時，會在心中產生相應觀念。所以說，觀念就是有關一切認知對象的、通過經驗湧現於心靈的內容。對於洛克，人可以通過兩個認知途徑，包括**感覺**（sensation）及**反省**（reflection）去經驗事物。感覺經驗指的是人被動地接受外在事物對感官的刺激，並在心中產生相應觀念。例如味覺經驗到豆腐火腩飯，便會在心中產生「鹹」、「濃稠」、「豆腐味」等觀念。而反省經驗指的是人將儲存於心靈的觀念作為對象，並加以檢視、思考、組織。例如心中回憶起昨天吃過的拉麵，並思索當時的情況等。

另外，洛克認為**「心靈就如一塊白板」**（Tabula Rasa）。人出生時的心靈並不存在任何**天賦觀念**（innate idea），人需要通過後天經驗累積才能得到任何觀念或知識，就像在白板上開始慢慢書寫一樣。洛克強調，一切知識和觀念皆源於

經驗，即使是普遍承認的原則也是人後天以經驗觀察所發掘的。例如，大部分有智能障礙的人士及兒童根本不具有對矛盾律的觀念。既然不知道，也就談不上理解及同意。但有人（例如理性主義者）會問：有智能障礙的人士和兒童不理解這些原則，原因是他們沒有運用理性，只要運用理性，便可以發現它們。洛克認為，即使理性能夠發現上述原則，也不能證明那些原則是天賦的。他以這些觀點強調經驗的重要性。值得一提的是，洛克認為，知識是有關各個觀念之間的關係，而不是觀念本身。

觀念、實體與性質

洛克對於觀念的類別有詳細的劃分。首先，洛克指出觀念分成**簡單觀念**（simple ideas）及**複雜觀念**（complex ideas）兩大類。簡單觀念指構成經驗的最基本單位（basic constituent），不可能再細分，例如甜味、紅色等。簡單觀念可以分為以下四類：

一、有關**單一感官**（one sense）的簡單觀念，例如味道、顏色、聲音等；

二、有關**多個感官**（diverse sense）的簡單觀念，例如運動、靜止、廣延等；

三、有關反省的簡單觀念，例如判斷、信念、記憶等；

四、同時有關感覺及反省的簡單觀念，例如疼痛、存在、壓力等。

複雜觀念則由多個簡單觀念組成。按照簡單觀念的不同組合，可以形成以下四類複雜觀念：

一、**簡單模式**（simple modes）：由重複同一類簡單觀念而組成，例如數字、距離等；

二、**混合模式**（mixed modes）：由不同類型的簡單觀念組成，例如「美」這個複雜觀念由「顏色」和「形態」這些簡單觀念組成；

三、**實體**：由指涉**獨特個別物體**（distinct particular things）的簡單觀念組成，例如人、牛、狗等；

四、**關係**：對各個簡單觀念、模式或實體的比較，例如因和果、夫和妻等。

此外，洛克特別針對實體觀念來作討論。洛克形容實體為**「支撐起」**（hypokeimenon）外界物體性質的關鍵因素。例如，一支紅色白板筆有硬度、紅色、光滑表面等性質，而實體就統合了所有這些性質。因此，具有紅色白板筆的這些性質的組合，就可以被確認為紅色白板筆。然而，洛克認為我們無法確知實體是甚麼，洛克認為，實體只是其中一種對眾多簡單觀念的組合方式，實體本身並沒有實在。洛克認為，人們以為實體存在，只是因為他們習慣用一個名詞去命名一個觀念的集合體，才產生了實體的錯覺。

洛克不但討論觀念的類型，亦對外界事物作了著名的區分，即：**第一性質**（primary qualities）和**第二性質**（secondary qualities）。

第一性質是實在的性質，即是客觀不變、與事物本身相應的那些性質，例如事物的大小、形狀和廣延等。這些性質從來不依人的感覺而改變。第二性質是事物表面呈現給我們的、但不為事物本來所具有的性質，它只是物體藉着第一性質影響我們的感知能力，並在我們心中留下觀念的能力，例如聲音、顏色和味道等。就如洛克所說，「通過我們的神經或動物靈魂，通過我們身體的某些部分，把物體的第一性質傳到大腦或感覺中樞，我們的心靈在那裏產生關於那個物體的特殊觀念。」舉例而言，我看到並且拿起了放在手邊的一個蘋果，我的腦海從這時開始有了關於該蘋果的大小、顏色和重量等印象，我從蘋果的第一性質（大小、形狀）中經驗到了第二性質（顏色）。所以，洛克承認部分事物表面是多變的，但他也同時承認，第一性質確保了我們能夠憑藉經驗得到客觀不變的知識。

人格同一性

我們或許曾經問過：時間流逝，是甚麼令我仍然是同一個我？我的同一性有甚麼依據？洛克在其著作《人類理解論》指出，**人格同一性**（personal identity）**在於意識的延續性**（continuity of unitary consciousness），而不是身體的延續。

我們的身體只是每天大致相同，而不是沒有變化，例如指甲、頭髮生長等。科學也指出了人類每七年全身的細胞就會完全汰換一次。但「意識」之所以能成為同一性的基礎，在洛克看來是因為其和「思想」同處一體，「思想」之中絕對不可或缺意識，所以意識必然和當下的感官和知覺相伴隨；而且它不同於隨時改變的身體，只要我們稱之為「人」，意識必定以穩定不變的姿態根植於我們的心靈之中。

洛克認為，人是有理性及反思能力的思想物體，並且有意識地確認自己縱使在不同時間和地方，也是同一個自己。事實上，人格同一性是法律和道德的前提。例如，一個嫌疑犯在不知情中被人以藥物控制去犯罪，事後該嫌疑犯對此毫無記憶，我們可以由此判定他沒有罪責。對於洛克，人格同一性同時依靠意識延續性及記憶。人最重要是能知道上一刻的自己就是現在的自己，如此的人格才是完整的人格。

洛克：從自然社會到政治社會

洛克作為近代西方民主政治的奠基人物，其著作直接且深遠地影響了法國大革命、美國獨立宣言，甚至啟發近代的民主思想脈絡。洛克是經典自由主義者，他主張個人基本人權及自由不應受制度或國家所限制及干預，縱使容許干預，亦應該降至最低程度。

自然狀態

以上提到，洛克相信歷史上真實存在過人最原初的生存狀態——**自然狀態**（natural state）。在自然狀態中，人一開始就處於自由、平等的生活模式中。人們既然都是平等和獨立的，任何人就不得侵害他人的生命、健康、自由和財產。然而，這樣的狀態中有甚麼規律或法則保障人的安全呢？洛克說是**自然法**（natural law）。接着洛克由形式和內容兩方面分析自然法的本質。從形式來說，洛克區分自然法與**神聖法**（divine law）。神聖法只應用於部分上帝揀選的人，並且只能通過上帝直接啟示得到。然而，自然法應用於所有人，並且源於上帝的旨意。人類主動通過理性揭示上帝藏於自然法的旨意，從而得到上帝對於各人要遵守的權利及義務

的指引，而這些權利及義務就是自然法的內容。各人就算無法保證得到神聖法，也無需依靠人為的制度去監管生活，就已經知道生活裏有甚麼需要緊守，又有甚麼被約束禁止。

洛克特別強調人的自由和平等——人是自由的，人在自然法的指引下可以決定自己的行動，不必取決於其他人。人也是生而平等的，擁有同等的身心能力，所以不必受限於與其他人的關係。儘管自然界的一切資源皆是公有的，但人的生命不會自動維持下去。所以，自然地，人為了維持自身生命、保障自己的生存權，便要付出勞力，以得到自然資源（例如水、食物）。為了保護自己的資產，將資源私有化的行為就會出現。

既然人人平等，那麼每個人一方面以自然法擁護自己的生存權利及資產，另一方面則必然伴隨讓其他人也可以保存私有資產的義務，兩者是一體兩面。倘若任何一方有意侵犯其他人保障自己資產的權利，便有可能引發互相鬥爭。

靠契約共識建立的政府論

一旦自然狀態中開展了互相鬥爭的情況，人便會意識到不安。為了進一步保障自己的生存權利及資產，避免任何威脅及侵犯，人便欲求權威統治的出現。然而，為了延續人人既是自由及平等，又不受他人威脅的關係，統治權不能集中於一人之手。故此必須成立一個統治機構，而人從此

正式脫離自然狀態，由自然社會轉變成政治社會。洛克是**社會契約論者**（contractarianist），主張人們在彼此達成**契約共識**（consent）的前提下組成一個政府。對於洛克，公民政府的合法性在於政府通過公民的共識才得以成立，這就避免出現執權者意願凌駕集體公民意願的情況。

於是，一個政府就由每個處於政治社會內的公民委任。對於洛克，公民政府有兩個基本面向：所有公民既賦予自身權力去立法及成立政府，同時又受制於自身成立的法律及政府。所以，政府的權力源於公民，政府亦是為保障公民權力及資產而生的工具。

另外，在各種政府模式中，洛克主張民主政府。民主政府的立法權力固然不是集中於一個人或一小撮人手中，而是按照大部分公民的意願為社會立法，並由公民委任的人執行立法。此外，為了避免權力失衡，洛克提出了著名的**三權分立思想**（separation of powers，**注意並不是孟德斯鳩的三權分立**），主張把政府分成行政、立法和外交三部分，並且將立法權凌駕於行政權之上。值得注意的是，全體公民的權力其實潛在地凌駕於立法權及行政權之上。洛克認為，倘若政府的管治方式或表現不符合人民預期，人民有權罷免政府，或通過革命推翻政府，並重奪原初賦予政府的權力，重新委任新的政府。然而，現實中已經執權的政府其實並不容易推翻。

私有產權

洛克對私有產權的主張，源於他對自然狀態中人將資源私有化的看法。洛克認為，上帝把地上的資源賜予亞當及其後裔，作為他們後裔的人就可以通過自己的勞動，合法佔有勞動成果。此外，洛克相信上帝按自己的形象創造了人，上帝掌握人的生存權利。同一道理，人以勞動力獲取成果，便得到該資產的擁有權。事實上，自然資源（例如水、食物）容易變壞，而且多取的代價是浪費勞力，所以人不會取得超過自己所需的資源。故此，洛克認為自然平衡了各人之間的私有資產。人們通過勞動可以合法佔有財產，其他人不得強行奪取，因此私有產權是神聖不可侵犯的。更重要的是，洛克將這個自然和需求的經濟秩序視為「自然狀態」的一部分，也就是先於國家而出現。因此，這是人天賦自然權利的一部分，這個秩序不需要任何「認同」而被賦予了正當性。公民社會和國家的成立，其實只是為了建立最有效的組織來保障這個秩序以及其他天賦權利。在洛克看來，政府其中一個職責就是保障公民的財產權。

除了自然狀態、經濟秩序下的「人皆為平等」的概念，洛克還有另外一個私有產權的論點長期被人忽視：人不單有權以資本的形式擁有比自己需求更多的資源，而且這樣的佔有可以是沒有上限的。我們以僱傭勞動關係的例子來解釋這個概念。雖然沒有人可以剝奪他人生存和自由的權利，但人有自由可以出售自己的勞力換取生存的必需品。

比如說，員工為了填飽肚子，逼使自己放棄自由、對老闆言聽計從等都是正當的，因為工人有權「出售」自己的勞力；而通過自由交易「購買」了工人勞力的老闆，也有權自由使用這些勞力，一如他能正當地使用自己其他的財產。當然，每個人都不能用自己的財產在不經他人同意的情況下侵犯他人的財產和人身自由，在洛克看來，這是公民自由和私有產權所保障的。

George Berkeley
喬治・柏克萊
(1685-1752)

1685年生於愛爾蘭。祖父是英格蘭人，1660年王朝復辟後移居愛爾蘭。

1700年進入都柏林三一學院學習，期間廣泛接觸到各種思潮，使他熟悉洛克、笛卡兒、馬勒伯朗士、牛頓等人的思想。

1710年，發表了他最重要的哲學著作《論人類知識原理》。但正式出版的書中僅包含原計劃的緒論和正文的第一部分，第二部分的手稿在他訪問意大利時丟失。據稱，他的理論在這部分有「相當大的進展」，但他已無心重寫。

為了實現社會理想，曾策劃在美洲的百慕達建立一所學院，用來在當地培養宗教人才，但最終落空。

1734年被任命為愛爾蘭羅蔭教區的主教。

1752年在牛津家中逝世。

在經驗主義哲學家中，柏克萊可謂為數不多強調形而上學的一位。在某種意義上，他的哲學就是以提出和證明一種形而上學為目的的。或許正因如此，他的非物質主義受到後世唯物主義者，特別是馬克思主義哲學最猛烈的批判，以致大部分人都認為，柏克萊是一個天真的、徹頭徹尾的唯心主義者。然而，最近幾年興起的「思辨實在論」（speculative realism）思潮，則有重新評價柏克萊的傾向。現代科學的發展，也使重新詮釋柏克萊哲學變得可能。

EP26　柏克萊：存在就是被感知

存在就是被感知

「**存在就是被感知**」（To be is to be perceived, esse est percipi）是柏克萊哲學的中心命題，這個命題在《人類知識原理》一書中說明了。一個事物稱得上存在，就必然伴隨一些具體內容。能夠被我們經驗感知的，才是具體存在的事物，否則就是出於幻想或虛構的。例如，我們能夠幻想獨角獸的形象，描述獨角獸的性質，包括一隻尖角、活像一隻利用翅膀飛翔的馬等，但是我們從來沒有經歷、感知過獨角獸，所以獨角獸是出於我們幻想，並且是內容空洞、缺乏說服力的不存在物。你自然會問：為甚麼非得以經驗為理據來分辨事物是否真實存在呢？

我們可以通過柏克萊在《視覺新論》一書中，回應**莫利紐茲提出有關盲人的思想實驗**（Molyneux's Problem）來了解箇中理據。設想一個先天瞎眼的人，因為醫學技術進步令他忽然得到視力。就在得到視力的一刻，他看見兩個大小相仿的物體，一個球體和一個四方體，他能夠立即辨別出兩者嗎？有些人認為他可以清楚辨別出兩者，因為球體表面圓滑，四

方體則有尖角，兩者給人的觸感非常不同。然而，柏克萊認為，瞎子得到視力後無法立即分辨兩者，因為這種分辨能力同時需要正常觸覺及視覺經驗的累積，沒有累積足夠經驗，就無法判斷物體之間的不同。每種對事物的經驗也是通過多個感官經驗的聯合才得以累積。我們對此習以為常，才以為重獲視力的盲人能夠分辨兩者。簡言之，柏克萊認為，我們的所有能力都是通過經驗累積而獲得，經驗也是分辨事物存在與否的理據。

物質根本不存在

柏克萊進而否定洛克對外在物性質的看法。洛克對外在物提出第一性質和第二性質的區分，而柏克萊認為洛克指的第一性質不外乎是第二性質，也是心靈的觀念。我們指出一個外在物存在時，依據的是經驗的累積向心靈呈現的具體觀念，而不是那些有如洛克的第一性質、無法被經驗的抽象觀念。例如，我們指出面前的蘋果存在，因為我們嗅到蘋果清香、看見紅色的蘋果、接觸到蘋果的光滑表面等。但是我們無法想像一個「沒有顏色的形狀」，這種設想不但無法存在，而且內容比幻想獨角獸存在更為空洞及缺乏具體依據。事實上，柏克萊認為，觀念只能跟觀念相似，觀念不可能和不同質的東西作比較。當我說那個蘋果是客觀存在，蘋果已經是心靈的產物，不再獨立存在。因此，不論是觀念或觀念的原型都不可能離開心靈而存在。物質根本不存在，世界不外乎是心靈的觀念。

柏克萊否定第一性質的立場貫徹始終，他反對洛克對世界由**普遍觀念**（general idea）組成的主張。柏克萊指出，世界一切事物是由各種**個別觀念**（particular idea）的集合而成。我們從感知得來的經驗都是雜多、互相獨立、互相排除的個體，而不能感知包含諸多個體的普遍總體。例如，我們不能從感知中得到純紅色這個普遍觀念，而只能掌握蘋果的紅、玫瑰的紅、血液的紅等無數種個別觀念來累積經驗。柏克萊亦否定有能夠凌駕和統一雜多個體物質的**物質實體**（material substance），因為它根本不可能被感知，也就不能說它存在。柏克萊認為，物質實體只是哲學家的錯誤構想。

人們相信物質實體真實存在，物質實體是事物的基底，它支撐着事物眾多不同的屬性，特別是支撐物質的第一性質。柏克萊認為，「支撐」一詞只是形象化的說法，是關於房子隱喻的文學表達而已。事實上，人們根本不知道物質實體如何「支撐」事物的性質。縱使人能設想物質實體這概念，並且能以此解釋這實體與第一性質之間的「支撐關係」，柏克萊仍然認為，這些物質實體最終只是心靈的產物。

終極的感知者 —— 上帝

那麼，既然柏克萊否定了物質實體和第一性質存在，世界事物不會因此而流變不定嗎？對於柏克萊而言，人可以通過心

靈的內在感覺或反思來確認自己的存在，同時人作為感知者給予一切外在事物存在意義。然而，人的感知能力範圍始終有限，人的心靈也只是有限的精神實體。這就意味着無法被我們感知的事物未必就是不存在的。柏克萊選擇把問題訴諸上帝。

柏克萊作為羅馬公教主教，固然相信上帝存在。上帝是感知我們正在感知其他事物的終極感知者。柏克萊認為，我們能夠清楚明白地感知到外部世界如此有規律和秩序，就可以推論出存在一個「無限的精神實體」保證了事物存在，那個無限的精神實體無非就是上帝。上帝能夠感知一切，並彌補人的有限。上帝也是一切觀念的源頭。然而很遺憾，柏克萊始終沒有就如何感知上帝存在提出理據。

大衛・休謨
David Hume
(1711-1776)

1711 年出生於蘇格蘭愛丁堡。原姓霍姆（Home），但由於英格蘭人把 Home 讀作 [hju:m]，遂改姓休謨（Hume）。

祖上是名門，父親是律師，母親是貴族之女，但到休謨時家境已經衰落。休謨一家在英國資產階級革命年代始終站在革命一邊，反對斯圖亞特王朝復辟，在黨派上傾向於輝格黨。

1722 年進入愛丁堡大學就讀，但因家庭原因輟學而未能獲得學位。此後在家自學，酷愛文學和哲學的他，立下了畢生從事哲學的志向。

1737 年寫成《人性論》之後，他還對其他包括經濟、歷史的領域有所涉獵，並獲得成功，寫下了《英國史》、《政治論》等名篇。

1776 年在愛丁堡病逝。

休謨作為公認英國最有影響力的哲學家，其思想啟發了無數後人。其中最著名的莫過於康德，他說只有在「休謨將我從獨斷論的睡夢中喚醒」之後，他才能寫出驚世的《純粹理性批判》。然而，到了當代，由於休謨對經驗和常識的重視，他的影響力大部分局限在分析哲學，特別是邏輯實證主義（羅素、波普爾、艾耶爾）之內。作為少數例外之一的德勒茲，在自己哲學生涯的開端便寫了《經驗主義與主體性》，對休謨哲學進行了一次創造性的詮釋。

休謨在其著作《人性論》中指出，人性是所有學問的中心，而人性的基礎必然與人的認知或判斷有直接關聯。故此，休謨首要處理的是修正洛克及柏克萊對知識論的構想，並且更徹底地緊守經驗論原則。休謨跟洛克、柏克萊一樣仍然認同認識起源於經驗。然而，休謨為其知識論提供了更詳細的分類架構。

透過反省得來的印象

休謨否認一切感覺經驗可以統稱為**觀念**（ideas）這個想法。他認為感覺經驗應該細分為**印象**（impressions）和觀念兩類。首先，休謨提出印象和觀念的產生過程。印象是我們認知事物後，首次出現於**心靈的知覺**（perceptions as first appearance），它可以是一種**感覺、情感或情緒**（sensations, passions or emotions）；而觀念則是在心靈中對**印象重現的影像**（images of impressions），換言之，觀念是印象的複製。而重現的方式主要通過**記憶力**（memory）和**想像力**（imagination）進行，前者受制於原初印象的形

式，而後者卻不受制，並可以自由重組。此外，印象和觀念必然有程度之別，印象較強烈及生動，而觀念則較微弱及欠生動。例如，昨天我夜半起牀由睡房走到廁所時，不小心踢到門縫，腳趾立即感到強烈痛楚。這個首次於心靈浮現的強烈痛楚就是印象，而我今天回憶起當時的痛楚就是觀念。休謨認為在認識過程中，總是先有印象後有觀念。

然而，認識過程從來不只是單向的，人可以隨時在反省中層構出新的印象。休謨指出，人可以通過**感覺**（sensation）及**反省**（reflection）兩種途徑得到印象。前者是感官首次得到的印象，例如痛楚、飢餓等；後者則是對觀念進行反省而首次得到的印象，例如慾望、恐懼等。延續以上的例子，今天我的回憶中，除了包含昨天的痛楚印象外，整個回憶亦有可能立即為我產生其他首次出現的情緒。例如我今天回想起這個事情，整個認識過程就由昨天的感覺痛楚印象引起痛楚觀念，由此再引起反省痛楚印象。

休謨以印象和觀念的仔細區別，層構出人類複雜的認知過程。另外，休謨指出，印象和觀念也可以各自分成**簡單**（simple）和**複雜**（complex）兩類。所有簡單觀念也是由複製簡單印象而生，而部分簡單觀念會結合成為複雜觀念，所以所有觀念也源於簡單印象。在眾多複雜觀念中，因果關係便是其中之一。

因和果，有必然連結嗎？

我們一般認為，因果關係具體存在，雖然不至於認同萬事皆有因，但是不會否定「有因，必有果」。然而，休謨卻重新檢視大家對因果關係的理解。首先，休謨認為，我們其實無法確定因果關係客觀存在。一般人認同因果關係存在，更準確地說就是認同「因」和「果」之間有必然連結。例如，我用右手舉起玻璃杯，並在半空中放手，玻璃杯立即摔在地上碎裂。於是我們認為因為放手導致玻璃杯碎裂。然而，休謨指出，我們並不能通過經驗來確認這裏必然存在因和果的連結關係。休謨要求我們暫且放下思維習慣，細心地將每一個感性經驗區別開來，然後就會察覺人類充其量只觀察到兩個在空間及時間上相鄰的現象，一個現象在時間上先於另一現象，並且兩個現象每次都按此順序連結起來。不過，無論觀察多少次，我們都無法確保兩個現象有必然關係，也不能確保其中一個事件不會脫離另一個事件而出現——我們只觀察到「放手」和「玻璃杯碎裂」這兩個獨立現象，「放手引起玻璃杯碎裂」這個統一了兩個現象的連結關係，卻無法被觀察出來。既然我們不能從經驗和感性中獲得必然連結的簡單印象，我們便需要忠於經驗，並承認經驗無法確認因果關係是否客觀存在。

休謨提出上述對因果必然連結的懷疑論後，進一步嘗試解釋為何我們會有因果關係「必然連結」的觀念。休謨指出

這是源於習慣。每當我們經驗到「因」就會慣性過渡到「果」，這是人心理的自然傾向。要言之，對於休謨，因果關係只是可觀察到的「先有因，後有果」的規律序列，而不必承認因果必然連結。所以，我們觀察到「放手」，便可以預期「玻璃碎裂」將會、但不一定會發生。

來自心靈的歸納法

休謨固然不是要**論證歸納法**（induction）不合理，而是旨在指出當中的運作與因果關係一樣要訴諸心靈。傳統意義下，歸納法是一種認識方法，認為人可以通過發現個別事物中同樣具備的某一個屬性或特質，推論出所有這個類別的事物都應該具有同樣的屬性和特質。例如，我看過的血液都是紅色的，於是我們歸納出所有血液都是紅色的。對於休謨而言，歸納法訴諸心靈的方式，就是根據習慣自然地在心靈建立通則。例如，過去每次我們看到的血液都是紅色的，於是我們的心靈習慣地把「血液」和「紅色」這兩個觀念扣連一起，以致每當「血液」的觀念在我們心靈出現，「紅色」這觀念便會自動隨之出現。

我們的心靈就是這樣建立了一條與特定習慣相對應的通則，例如，「所有血液都是紅色的」。休謨指出，歸納法背後的合理性基礎，是源於心靈中不自覺地形成的、主觀的習慣，而不是源於世上一切事物內含的客觀性質。故此，因果關係和歸納法根本沒有客觀性，它們不外乎是心靈的習慣。

休謨：心靈只是個舞台

心靈只是個舞台

休謨與其他經驗主義哲學家一樣，作出有關實體的論述。在休謨以前，洛克認為人格具有同一性，正因如此，所以人類的認識和道德判準才得以成立。柏克萊雖然否定物質實體的存在，但沒有否定心靈實體，反而認為心靈實體才是真正的存在——而休謨則否認存在任何實體。

早在《人性論》第一章，休謨便指出那些以「實體」為內容的觀念，不可能來自感覺印象——因為首先，印象都來源於感知到的對象，而對象又是一個個孤立地、時空分散地被我們感知到的東西；其次，我們從來不可能感知到（而只能靠習慣思考）任何整體性和連結性，故此，休謨認為，實體觀念沒有任何感知對象作為基礎。實體觀念並不指涉任何真實存在的事物，只是一堆簡單觀念的集合，是人們以想像力統合它們而得到的一個名稱。

休謨認為，我們並沒有與自我、人格的觀念所相對應的印象。事實上，我們的心靈只經驗到自我的多樣多變，例如

喜怒哀樂，難以證成自我同一性真實存在。休謨由此認為，心靈中的自我只是眾多知覺的集合體，並且不斷處於流變交替的運動中，遠未能形成一個統一的自我、人格觀念。故此，休謨把心靈比喻為一個舞台，各種知覺不斷來回表演。

實然與應然

傳統的道德理性主義認為，只要通過理性認識人及世界的構成內容、規律、運作等，從而建立出理性的道德原則，就能夠了解人面對道德議題時的合理回應方式。在傳統意義下，人要作出決定行動，便會在**理性**（reason）和**情感**（passion）之間掙扎，並嘗試找出平衡兩者或作出取捨的方案。例如，我清楚知道進食宵夜會加重身體負擔和損害健康，但我最終無法抵抗對美味可口的慾望，並進食了宵夜。這是情感戰勝了理性的決定。

然而，休謨在道德的問題上有他獨到的見解。休謨認為，道德判斷的根源取決於情感，而不是理性。休謨認為，在人的道德判斷中，理性的重要性相對較低，因為理性只是人認知的工具，只是要弄清楚觀念之間的關係。在休謨看來，理性所發現的真理是冷漠的，不能引起任何慾望和反應。真正影響人作出判斷的是兩種不同情感的對抗，而不是理性與情感的對抗。例如，我對於是否要進食宵夜的猶豫，體現的是宵夜給我即時的美味興奮，和將來我因為體胖或健康受損而感

到難受這兩種不同情感之間的掙扎。理性令我了解宵夜有損健康，導致我能夠預期將來或許會有多難受。然而，在判斷過程中，理性自身從來無法成為情感的對抗對象。休謨則把理性比喻為「情感的奴隸」。

這裏涉及到**實然與應然的區別**（Is-Ought Distinction），即「我們是甚麼」與「我們應該如何」之間的分別。休謨認為，兩者之間存在一個難以被克服的鴻溝，由實然推論不出應然。我們可以設想，就算我們以理性掌握並了解所有事實的細節，又知道各種可能性的利弊，但是我們仍然會在一個道德問題中無所適從。正因為理性只能處理冷冰冰的實然，而不能有效計算受習慣、偏好等非實然因素所影響的行為與慾望。所以，休謨乾脆指出「應該如何做」的決策首先是訴諸**移情作用**（sympathy），而不是訴諸理性和事實陳明。移情作用令人感悟到一般的**視點**（general viewpoint）：這既非絕對不變的普遍觀念（休謨本來就不認為普遍性是可能的），也不是某個人按自己的獨特經驗得出、完全孤立於他人的個體性，而是社會大多數人對事物自然產生的情感反應。休謨認為，這種一般的視點（即多數人的情感）已足以指引道德判斷，所以人類毫不需要為了處理先驗和絕對普遍的神聖原則而感到困惑。或者可以這麼說，休謨的道德哲學完全是現實的和社會的。

德國觀念論（上）

德國觀念論（上）

康德（1724-1804）

1724

1804

Immanuel Kant
伊曼努爾·康德
(1724-1804)

1724年生於德國東普魯士柯尼斯堡一個貧苦皮匠家庭，父母是路德派教徒。康德與母親很親近，她的清教徒道德和人格培育了幼年的康德。

康德幼時成績優異，幾乎每次考試都名列第一。進入柯尼斯堡大學後，儘管專業為神學，但對數學、物理學和天文學更感興趣。

1746年父親去世，康德被迫中斷學業，當私教謀生。取得學位後，陸續成為多門學科的教授，終其一生教授物理學、數學、邏輯學、形而上學和倫理學等。

撇開哲學的成就，康德一生其實平淡無奇。他終身未娶，生活極有規律，並始終生活在柯尼斯堡，出行最遠的地方離柯尼斯堡僅90公里。

康德的整個先驗哲學都是從啟蒙運動對理性的信仰，以及以牛頓物理學為範式的科學出發的。而他的成就，不僅在於他處理問題的廣度（科學、形而上學、倫理學、美學等），更在於他在回應這些問題時採取的獨創性立場——他始終堅持他構造的哲學系統反映了理性的統一性。這一堅持極大的影響了後康德德國觀念論者（費希特、謝林、黑格爾），他們認為自己的思想或是完全建立在康德先驗哲學的基礎上，或是對先驗哲學某些洞見的系統發展。儘管這樣的哲學觀已經在十九世紀沒落，但直到現在，不管是對分析哲學還是歐陸哲學來說，康德的先驗哲學仍然是最基本的「參照系」，我們仍然未能逃離康德。

康德於1804年逝世。

EP29　康德：哲學的哥白尼式革命

哥白尼式革命

康德提出，他的哲學要解決三個問題：一、我能知道甚麼？二、我應當做甚麼？三、我可以希望甚麼？這三個問題可以被歸結為知識論問題、道德問題和宗教問題。最後，康德認為上述三個問題都可以被歸結為第四個、也是最後一個問題：人是甚麼？康德的《純粹理性批判》（又稱「第一批判」）便是要解決上述第一個知識論的問題，「我能知道甚麼？」。

康德同意休謨的觀點，認為人類的認識始於感覺經驗，過去一切的形而上學體系有「獨斷論」的危險，亦即他們在沒有考察人類的認識能力之前，便預先斷定人類的認識能力可以無需經驗的幫助，單憑純粹理性就可以對宇宙中所有對象（特別是超出經驗的對象），例如上帝、靈魂和自由作出絕對明確無誤的結論。過去的形而上學體系讓我們以為人類的理性認識沒有限度，可以無限延伸，可以脫離經驗。

雖然康德肯定休謨對於獨斷論的批判，不過他並未因此接受休謨的結論。原因是休謨對於因果關係的質疑，動搖了整幢科學大廈的基礎，亦粉碎了理性主義追求具有「普遍性」

及「必然性」知識的理想。康德希望重建一門科學的形而上學，重新恢復理性的尊嚴和榮譽。康德得益於休謨對傳統理性主義的批判，決心在人們認識活動之前，先考察人類的認識能力本身。

雖然康德對萊布尼茲—沃爾夫的獨斷論有所不滿，但康德深受萊布尼茲啟發，認為人的理性擁有先天固有的認識能力。但萊布尼茲的「天賦觀念」不是已經實現了，而是等待被實現，潛在的天賦觀念必須經由感覺經驗的啟發才能成為現實。不過，感覺經驗並不足以向我們提供全部知識，它只能得出個別和特殊的觀念，無法向我們提供具有普遍性及必然性的知識。康德認為，在知識中除感覺經驗以外，亦包含了非經驗性的要素，而這些要素就是人自身固有的先天認識形式：它們先於經驗，但能夠和經驗結合，使經驗成為可能，而且亦令知識具有普遍性和必然性。

康德在《純粹理性批判》中力圖對人的認識能力作出批判性考察——人究竟能認識甚麼？他得出結論，指出人的認識能力是有限的，只能認識一切在經驗中出現的東西。基於這個結論，康德那試圖調和經驗主義和理性主義的努力是很明顯的，他肯定了經驗主義的優點，即認識開始於感覺經驗，這樣在認識時才能實事求是，避免認識成為脫離經驗的抽象玄想；另一方面，他亦肯定了理性主義的優點，認為知識一定要具有普遍性及必然性。

雖然我們的一切知識都始於經驗，但人不是被動地接受外物的影響，因為人亦擁有自身的認識形式，感覺經驗必須以符合我的認識形式的方式給予我。此外，人亦能主動利用自身固有的先天概念思考感覺經驗，繼而得出具有普遍性及必然性的知識。以往的知識論採取「認識主體符合對象」的進路，這種知識論設定對象是一個東西，而認識者是另一個東西。認識活動是由對象決定的，認識者能否獲得知識，完全取決於他能否充分且全面地反映對象的各種性質。

康德超越傳統知識論的地方在於，他強調了認識主體的能動性：不是讓認識主體去遷就對象，而是反過來讓對象遷就認識主體。康德的知識論堪稱西方哲學史上的一次**「哥白尼式革命」**（Copernican revolution）。哥白尼起初假定全部星體都圍繞觀察者旋轉，但如此一來，我們無法很有效地解釋天體的運動。所以，他轉而假定觀察者自己旋轉，而天體保持靜止，結果取得了重大的天文學發現。在康德的「哥白尼式革命」後，不再是自然界為人立法，而是人為自然界立法。人在自然界面前，不再是個全然被動的學生——自然界給予甚麼，人就接受甚麼。人擁有一套先天的認識形式，能夠憑此主動地對自然界作出規定，最後得出具有普遍性及必然性的科學知識。

這次知識論革命的重要之處，在於它指出對象必須符合我們的先天認識形式，方能為我們所認識。這些先於對象、而對

象又必須與之相符的先天認識形式，可以被理解為「我們為對象作出的某些先天規定」。這些規定為我們的認識賦予普遍性和必然性。

先天綜合判斷

康德並不是首先探問有沒有知識，而是一開始便肯定了具有普遍性及必然性的知識存在——這種知識便是「**先天綜合判斷**」（synthetic a priori judgments），然後才探問「先天綜合判斷」是如何變得可能。康德這種發問方式其實旨在探問具有普遍性及必然性的知識的先天條件，也就是人的心靈先天固有的認識條件。

判斷以命題的形式表達，而命題由**主詞**（subject）、**繫詞**（copula）和**謂詞**（predicate）三部分構成。例如，在命題「小明是男人」中，「小明」是主詞、「是」是繫詞、「男人」是謂詞。

在分析判斷中，謂詞的意義被包含在主詞之中，例如，「三角形是有三隻角的圖形」，「三角形」的意義已經包含了「三隻角」。我們作出這個判斷只需知道三角形的意思，而無需看到一個真實的三角形圖案。康德認為，分析判斷只是把主詞所包含的謂詞意義分析出來，雖然具有普遍性及必然性，但卻不能擴展我們的知識。

在綜合判斷中，謂詞的意義並不包含在主詞之中，且謂詞擴展了主詞的意義，例如「奧朗德是總統」。「奧朗德」這個主詞的意義並不包含「總統」，要確立這個命題，我們只能在現實中進行驗證。綜合判斷雖然能夠擴充我們的知識，但它依賴外部經驗，因此不具有普遍性及必然性——在筆者執筆時奧朗德仍是法國的總統，但一段時間後就不再是總統了。

傳統哲學認為，分析判斷是先天的和必然的，而綜合判斷是後天的和偶然的，因而也是經驗的。「先天的」是指不依賴經驗就能夠確知，「後天的」是指依賴經驗才能確知。因此，傳統哲學認為只存在兩種判斷：先天的分析判斷和後天的綜合判斷。然而，如果判斷只有這兩種，那麼知識也只有兩種：分析判斷只提供定義性的知識，亦即是「王老五是單身漢」這種同義反覆；後天綜合判斷則是經驗性的判斷，只能夠表述一個事物與另一個事物之間的偶然連結。康德看到傳統哲學處於一個尷尬的困境：知識要麼是確實的，但和廢話無異；要麼是有意義但毫無必然性。這個哲學困境會連帶動搖科學的基礎。

為了解決這個困境，康德提問，到底有沒有一種判斷既能夠擴展我們的知識，同時又具有普遍性和必然性？他認為這種判斷便是「先天綜合判斷」。康德指出，在自然科學和數學當中存在大量先天綜合判斷，它的存在是鐵一般的事實。例如，「7+5=12」。從「7+5」這個概念中，分析不出「12」，

只能夠分析出「兩個數字結合成一個數字」；又例如，「直線是兩點之間最短的線」，從「直線」的概念得不到「兩點之間最短的線」的概念。這兩個命題一方面具有普遍性和必然性，另一方面它們的謂詞的意義都不包含在主詞之內，也就是說它們的謂詞擴展了主詞的意義，能夠擴展我們的知識。康德接下來着手研究構成這種先天綜合判斷的條件。

現象與物自身

如果說對象必須通過符合我們的認識形式才能為我們所認
識，那麼對象便分成了兩個方面：一個是事物受到我們的先
天認識形式的規定，向我們呈現出來的樣子，康德稱之為
「**現象**」（phenomenon）；另一個是事物處於我們的先天認
識形式之外，而不受我們認識形式所限制，也就是事物本來
的樣子，康德稱之為「**物自身**」（thing in itself）。

康德認為，我們不可以認識物自身，原因是我們的理性本身
已經具有自己認識世界的形式，猶如戴上一副永不可能除下
的有色眼鏡，映入我們眼睛的世界因為眼鏡的過濾而改變了
顏色。我們眼中的世界被稱為「現象界」，而世界原來的樣
子被稱為「物自身」。康德把人的認識限於「現象界」，而
「物自身」則是不可認識的。

至於超出我們經驗範圍的超驗對象，例如上帝、靈魂、自
由，我們對之沒有任何經驗，所以它們亦是不可認識的。不
過，康德並不願意拋棄這些對象，理由是它們在道德實踐上
有重要的作用。

感性與知性

康德指出，我們的一切知識和經驗都有賴**感性**（sensibility）和**知性**（understanding）兩種認識能力，所有知識和經驗都被限定在由感性和知性共同構成的現象界，兩者共同構成人類的知識和經驗世界。感性和知性各自擁有先天的認識形式，感性的認識形式是時間和空間，知性的認識形式是範疇。

感性是接受經驗表象的能力，它的特點是「接受性」，它的作用是**直觀**（intuition）。感性是我們在物自身的影響下獲得表象的能力。所謂「表象」，即是指呈現在意識中的一切觀念，包括感覺表象、知性概念等。感性的先天認識形式是時間和空間。康德所言的時間和空間，並不是牛頓物理學意義下的客觀時間和客觀空間，而是我們的感性直觀形式。當我們接受物自身的影響時，感性形式規定表象必定以符合時空形式（即在時間和空間之內）的方式被給予我們。既然時間和空間是人的先天認識形式，它們便不可能來自感覺經驗。時間和空間在邏輯上也先於經驗表象，因為我們擁有經驗表象時，已經預設了時間和空間。我們可以設想沒有對象的純粹時間和純粹空間，但不能夠設想不處於時間和空間中的對象。

知性是指利用概念來思考的能力，知性的特點是「自發性」，它的作用是**思維**（thinking）。知識的形成離不開知

性和感性的配合。具體來說，感性提供經驗表象，知性以「**範疇**」（categories）為工具對這些表象進行加工和整理，從而形成知識。那麼，這裏的「範疇」是甚麼意思呢？康德認為，知性也有自己的先天認識形式，那便是「範疇」。範疇分為量、質、關係和模態四大類，每一類由三個範疇組成，總共12個範疇。範疇能夠連結眾多感性表象，形成一個完整的判斷。知性的範疇與時間和空間的感性形式一樣，並不來自經驗，範疇是知性先天固有的形式。

範疇雖然先於經驗，但康德規定它們的應用只限於經驗所組成的現象界。知性的範疇一旦離開感性的經驗表象，就會失去客觀的有效性，變成想像力和智性概念的遊戲──純粹空洞，沒有任何內容的形式。在康德看來，當知性的範疇被應用於經驗之外的領域，便會產生一些似是而非的偽知識。例如，傳統的理性心理學以靈魂為研究對象，認為靈魂是實體；理性宇宙論以宇宙為研究對象，追問世界在時間上是否有開端，在空間上是否無限；理性神學以上帝為研究對象，竭力證明上帝存在。

感性直觀對象，知性思考對象，直觀加上思維才能產生知識，兩者相輔相成，缺一不可。因為感性只能直觀，但不能思維；知性能夠思維，但不能直觀。如果沒有感性，經驗的表象就不會被給予我們；如果沒有知性，我們就不能

思考對象。因此康德表示，思維沒有內容是空的，直觀沒有概念是盲的。一切知識的構成都需要直觀和思維共同參與。

舉例而言，感性能夠直觀到太陽照射和石頭發熱兩個經驗表象，感性把兩者直觀為在時間和空間之中相繼發生的經驗表象。然後，知性利用「因果關係」範疇來連結兩者，得出「因為太陽照射，所以石頭發熱」的判斷。這個結論具有普遍性及必然性。所謂普遍性，即是普遍適用的意思，這個判斷不單對我個人有效，對其他人也有效，因為每個理性存在都具有感性和知性。同樣道理，當其他人運用感性和知性得出具有普遍性及必然性的判斷時，那個判斷對我而言也有效。所謂必然性，即是不可能有相反的情況出現。一種知識如果具有普遍性及必然性，那它便是客觀的知識。

「理念」：理性的設置產物

康德指出，人類除了擁有感性和知性兩種認識能力外，還擁有第三種認識能力——**「理性」**（reason）。廣義的理性涵蓋人類所有的認識能力，但此處是狹義的「理性」，一種與感性和知性並舉的認識能力。對比「理性」追求絕對和無條件的整體性，知性所獲得的知識則是相對和有條件的。知性獲得的知識都是關於現象界的知識，例如，當知性運用因果關係範疇思考經驗時，便會發現經驗對象處在一個無窮無盡的

因果鏈條中。在一切皆是相對和有條件的現象界中，並沒有甚麼最終原因，也沒有甚麼最終結果。

在康德看來，理性不與感性打交道，而是直接面對知性。理性並不滿足於知性提供的個別、相對和有條件的知識，而是追求一種圓滿的整體性。如果說知性負責以範疇連結及統合感性的經驗表象，那麼，理性則尋求把知性徹底納入自己的整體關連中，使所有知性的知識都統一並隸屬於一個整體。理性所追求的絕對無條件的統一性便是「**理念**」（ideal）。

我們在現象界找不到「理念」——你不能把理念拿在手上說：「看！這就是理念！」，所以它不可認識，也不能從經驗上得到證明。在這個意義上，「理念」是理性主觀的設置產物，不過它並不多餘，而是在理論認識和道德實踐中有重要的應用。在理論認識上，我們必須把所有由知性得來的知識，思考成共同隸屬於一個「世界」（理念）。如果沒有由理性設置出來的整體性理念，我們由知性得來的知識將會是個別的、零散的和不完整的。

不過，人們一旦把「理念」實體化，把「理念」當成真實存在的東西，進而調動知性而對「理念」本身進行研究時，就會掉入「**二律背反**」（antinomies）的陷阱。所謂「二律背反」，即是指正題和反題儘管正相反對，但各自都合乎邏

輯。例如，正題指出世界在時間中有一個開端，在空間上有界限；反題指出世界在時間中沒有開端，在空間上沒有界限。傳統的形而上學猶如一個戰場，人們各自為了自己的立場針鋒相對，展開無休止的辯論。

康德揭示形而上學的產生並非偶然，而有在人的理性中的根源。理性作為人的稟賦，具有追求絕對無條件的整體性的傾向，但理性並不是故意欺騙我們，使我們陷於幻象當中。關鍵是我們要為形而上學設定一個合法的應用範圍，並且正確把握它。

康德寫作《實踐理性批判》一書，是為了解答「我應當做甚麼？」的道德實踐問題。

與《純粹理性批判》的步驟一樣，康德並不是首先探問有沒有道德法則，而是肯定存在着具有普遍性和必然性的道德法則，繼而肯定該道德法則必須是先天的。所謂先天，即是指道德法則不可能來自經驗，只能來自理性。康德區分了理論理性和實踐理性：理論理性是處理認識能力，實踐理性是處理道德實踐，理論理性和實踐理性是同一個理性在不同方面的應用。

準則與法則

康德研究道德實踐的原理時，區分了兩種原理：**準則**（maxim）和**法則**（law）。準則只對行為者的意志有效，法則對任何人的意志都有效，所以準則是主觀的，法則是客觀的。

道德法則是客觀存在的最高法則，所有理性的人都應該遵守並嚴格執行。但人是有限的理性存在者，除了理性外還擁有非理性的情感和慾望，以作為自己的行動準則。有時人的主

觀行為準則會和客觀的道德法則發生衝突。這個時候，道德法則便會向人們發佈「命令」，勸說人們應該克制自己的非理性情感和慾望，嚴格遵照道德法則的要求行事。

不過，僅僅使自己的行為符合道德法則，不能真正體現行動者的動機。行為符合道德就具有合法性，但具有合法性不一定代表同時也具有道德性。行為的道德性在於使行動者自己的主觀準則同時成為普遍法則，這就涉及行動者動機的問題。

出於義務和合乎義務

康德結合義務、動機和道德法則來闡明，一個行為在甚麼情況下才能被認為具有道德價值。康德指出一件事情或行為的道德價值，並不取決於它所達到的效果，而取決於它是否出於義務。義務是一個人必須做的事情；一個行為只有以義務為動機，才具有道德價值。

通常我們認為，一個人只要做了道德的事，他就是個道德的人，但康德區分了「出於義務」和「合乎義務」兩者，如果一個行為不是出於義務，而是出於自利、幸福、私慾，縱使這個行為與義務相符，但也不是康德意義上道德的行為。只有出於對道德法則的尊重並按照法則的要求行動才算是道德。康德這個區分可以說是檢驗真道德和假道德的試金石。如一個生意人做買賣時童叟無欺，行為上他是合乎義務

要求，不過康德指出他這樣做可能是為了贏取口碑、得到更長遠的利益，說到底還是為了個人的幸福和利益着想。在這個情況下，我們儘管可以稱讚他的行為，但不能說他的行為是道德的。只有他從動機上出發就把「童叟無欺」當作一條道德法則來遵守並執行時，我們才可以說他是個道德的人。

定言律令和假言律令

雖然道德法則和自然法則都具有普遍性，但兩者還是有所不同。自然法則對實際發生的所有事情都起着支配作用。而道德法則在實際情況中未必會被執行，原因是非理性的情感因素會偶爾干擾和阻礙人們執行道德法則。所以，道德法則對我們這些有限的理性存在者而言，便體現為「命令」。

實踐理性的命令有兩種形式，分別是**假言律令**（hypothetical imperative）和**定言律令**（categorical imperative）。假言律令的表達形式是「如果我要 A，那麼我就必須做 B」，例如「如果我想得到幸福，那麼我便必須做道德的事」。康德認為，在他之前的一切道德哲學，都只以假言律令來作行動準則。假言律令表達一種有條件的道德要求，它把實踐行為（行善）視作達到另一目的（幸福）的手段。而如果行為只是手段，便意味着它不是絕對的，只是策略上比較值得選擇。如此推論下去，假如一個人不認為幸福是他所追求的，或者他認為行惡令他更快樂，他便沒有必要行善。康德深知，如果只有假言律令原則，道德哲學便站不住腳。

為了給予道德哲學普遍的合法性，康德指出，實踐理性的最高原則是定言命令，其表達形式是「你要做B」。定言律令表達不受任何條件限制、在任何情況下都必須被執行的要求，表現出「應當」的道德期望。那麼，這個應當做的東西是甚麼呢？康德並沒有直接列出一個行為清單，而是提出一個公式：一個行為如果能夠普遍化，亦即放諸所有人身上而不發生矛盾，便是道德的，假如它不能被普遍化，便是不道德的。比如，自殺是不道德的，因為假如把自殺普遍化，亦即每個人都應當自殺，那麼自殺這個行為也會成為不可能——每個人都死了，這個行為便再也不能繼續進行。康德認為，道德哲學要以普遍性來作檢驗法則；感受、苦樂、利益等都是後驗因素，涉及個人的偏好與習慣，因此康德認為，它們不夠資格構成道德法則。

實踐理性的四條定理

康德給出了四條定理，幫助我們確定實踐法則。第一和第二
條定理從反面論述了道德法則不可能奠基於質料（經驗性對
象）之上。第三和第四條定理正面論述了道德法則只能是形
式的，意思是沒有內容 / 質料 / 經驗性對象。

第一條定理指出，具有普遍性道德法則的基礎不可能來自經
驗性對象。我們追求的總是特定的經驗性對象，或者是經驗
性對象帶來的特定後果，即幫助我們達到目的、給予我們利
益、滿足我們主觀偏好、帶給我們愉悅感等。然而，無論是
經驗性對象本身，還是其後果都是變化不定的，所以建基於
其上的道德法則，便不可能具有普遍性。

第二條定理指出，個人幸福不能成為道德法則。通常追求幸
福都以追求經驗性對象為前提。不過幸福只是個人主觀的感
受，而且有時會隨着追求對象、時間和地點的不同而改變。
甚至有時候個人的幸福可能建基於別人的痛苦之上；幸福總
是與經驗連繫在一起，導致以此為根據的道德法則，不可能
具有普遍性。

第三條定理指出，如果一個有理性的存在者，把自己的行動準則思考為具有普遍性的道德法則，他只能把準則思考為並非根據質料（經驗性對象），而只能按照形式。如以上兩條定理所述，具有普遍性的道德法則不可能建基於質料之上，所以在這條定理當中並沒有包括任何質料，而是要求把所有質料都除掉，只剩下一條形式要求：除非你意願自己的準則能夠成為普遍法則，否則你便不應該行動。康德的道德法則是空的，不涉及任何具體內容，它並非告訴你具體應該做甚麼，而是指出你的行為應該使所有人都能夠照着做。一個道德行為應該具有普遍性。

第四條定理指出了意志自律原則。所謂自律，即是指每個理性存在者的道德意志為自己立法。與自律對立的是他律，他律指受例如環境、神的命令等一些外在於自身的因素來決定自己的行動根據。自律所依據的是道德法則的形式，他律所依據的是道德法則的質料。如果一條道德法則含有質料，意味着人們以經驗性對象決定自己的行動根據。例如，小明認為只有金錢值得追求，每次小明決定踐行某個道德行為時，都以能否得到金錢作為衡量，所以是金錢而不是他自己決定自己的道德行動。那麼應該如何達到道德自律呢？只能通過排除一切外在因素（即經驗性對象）的影響，抽空道德法則的所有內容，猶如保留一道函數式，排除一切變量，方能呈現自己決定自己（自律）的形式。

至善的難題

在《純粹理性批判》中，康德指出，人們的理論理性會追求絕對無條件的整體性。同樣，人們的實踐理性也會追求絕對無條件的整體性。康德認為，這個實踐理性的整體性是德行和幸福的統一體，而這個統一體便是「至善」。康德指出，德行是最高的善，但最高的善不等於最圓滿的善（至善）。因為至善應該包括擁有德行和享有幸福兩部分。

我們的實踐理性有一種傾向，總是認為至善是可能的和值得期望的，這是人的主觀願望和道德情感的需要。我們總是認為好人應該有好報，即便他在今生沒有好報，我們也總希望他能夠在來生有好報，總之如果德行和幸福之間產生不一致，勢必使我們感到困惑。康德認為，自古希臘哲學以來，只有斯多葛學派和伊壁鳩魯學派尋求德行和幸福的統一性，把德行和幸福視為至善的兩個組成部分。斯多葛學派立足於德行的原則，指出人們擁有德行，便是幸福。德行本身已經是回報，它本身就是幸福；斯多葛學派的幸福是德行意義上的幸福。伊壁鳩魯學派立足於幸福的原則，指出擁有真正幸福的生活，便是德行。

康德指出，斯多葛學派和伊壁鳩魯學派都把德行和幸福看作是一回事，兩者把德行和幸福視為是分析的，如斯多葛學派認為德行包含幸福，伊壁鳩魯學派認為幸福包含德行。康德

指出，德行和幸福應該被理解為綜合的，因為德行和幸福雖然同屬至善的兩個組成部分，但兩者在性質上畢竟不同，兩者既不可以互相代替，也不可以互相包含，處於一種相互獨立又相互聯繫的綜合因果關係中。

如果說德行和幸福是綜合的因果關係，到底哪個是因，哪個是果呢？要麼以為德行可以帶來幸福，要麼以謀求幸福作為德行的動機。康德指出，以謀求幸福作為德行的動機不可能接受，因為這樣會把幸福置於道德之上。此外，幸福的基礎歸根究底是以經驗性對象為基礎，而經驗性對象不可能構成道德法則。而且，以個人的幸福作為實踐德行的動機是不道德的。

另一方面，康德指出，以為德行可以帶來幸福同樣不可能。縱使我們嚴格地執行道德法則，我們也不可能期望德行必然能夠在現世帶來幸福，達到我們所期望的至善。德行和幸福的統一，不是有限的人所能實現的，因為我們人類沒有能力決定自然界的運作。但出於道德實踐上的考量，為了使道德實踐具有感召力並滿足人的道德情感，便需要借助公設的幫助來實現德行和幸福的統一。

實踐理性的三個公設

康德的「公設」（postulates）是指不能在理論上證明，但出於道德實踐的考慮而必須被視為存在的東西。實踐理性有三

個公設，分別是靈魂不滅、意志自由和上帝存在。其中靈魂不滅和上帝存在是保證德行和幸福能夠一致的公設。

人們的實踐理性總是要求至善。我們嚴格地按照道德法則的要求來行動，是達到至善的必要條件，因為至善規定了擁有幸福的人必須有德行，只有擁有德行的人才配享有幸福。達到至善需要我們的意志和道德法則完全契合，但對於作為有限的存在者，完美地實踐道德法則並不可能。換句話說，我們需要無止境的努力才能達到德行的圓滿性，無止境的進程必須預設無限延續的人格，這就是「靈魂不滅」。

雖然說擁有德行的人才配享有幸福，也應該享有幸福，不過在實際情況中，我們經常見到擁有德行的人不見得享有幸福。為了使有德行的人能夠享有幸福，我們首先需要一個能夠按照人們德行高低來分配幸福多寡的存在者，即全知的存在者。其次，我們需要一個有力量實現分配的存在者，即全能的存在者。最後，只有一個神聖的存在者能始終如一地貫徹分配。康德指出，這個超自然的存在者只能是上帝。上帝存在是實踐理性為了達到至善的可能性而需要預設的必要條件。

自由是道德必不可少的先決條件，如果沒有意志自由，道德便無從談起了。真正的道德應該是人們知道甚麼是善和甚麼是惡，同時他本來可以作惡，但他仍然選擇行善。我們有時

指責一個人不道德，無非是因為我們認為他本可以不這樣做，但他仍然選擇了這樣做，因此他需要為行為負上責任。如果有一個人是被迫行善，或根本沒有善惡觀念，只是盲目地行事，縱然他的行為符合義務，我們也不會稱他是有道德的人。

基於意志自由是道德的先決條件，康德對自由極為重視，並闡釋自由的意義。首先是消極的意義：自由是指不受外來的原因決定。其次是積極的意義：自由是指自發地開始一個因果系列的能力。這兩層意義為道德實踐提供了重要的基礎。雖然在現象界中所有事物處於一個無窮無盡的因果鏈條中，但為了維護道德法則，我們需要相信意志是自由和獨立的，在任何情況下都能夠排除非理性情感、欲望及一切感性事物的影響，作出選擇。

判斷力批判

康德此前分別在「第一批判」探究了經驗知識的知性法則，在「第二批判」探討了實踐活動在理性之中的自主法則，前者在經驗認識的領域內，依循知性的範疇來掌握經驗內容，後者在自由的概念領域內，建立主體行動的規則。兩者都有一個共通點，那就是概念已經在認識的能力與實踐的能力中起著規定作用。人正是由於這些概念，才得以在理論認識與實踐活動的規則中建立真假、善惡的判斷。這種判斷基於某種預先被給予的普遍者（規則、原則、規律）來把特殊者規攝其下。這種把特殊歸結於普遍的能力，康德稱為**「規定的判斷力」**（the determinative judgment）；與之相對，還有另一種判斷力，預先被給予的是特殊者，判斷力必須由此出發尋求普遍者，康德稱之為**「反思的判斷力」**（the reflective judgment）。

康德在《判斷力批判》中，想藉由釐清判斷力的本性，說明認識的法則（關於對象的認識）與實踐的法則（關於行為的自主）如何產生聯繫——找出判斷力的神秘源頭，從中尋找

判斷力在人類心靈中的基礎，使其成為批判哲學溝通認識與行動法則的關鍵橋樑。《判斷力批判》意圖釐清反思的判斷力在甚麼意義下能夠在個別事物中掌握普遍的東西，探討判斷力自身的作用領域、基本環節、運作方式與最終的指導原則，並在反省判斷力的方法學說中，指出如何獲得判斷力。康德認為，判斷力的運作在美學判斷與**目的論**（teleology）判斷兩大領域中出現。康德從「**品味**」（taste）這個人類的主觀現象來說明美學判斷；而從「**有機物**」（the organized beings）這一客觀生物現象來闡釋目的論判斷。兩種判斷的形成，有着獨立於認識與行動的法則，即「**合目的性**」（purposiveness）。我們將分別介紹品味、有機物及合目的性這三個關鍵詞，以理解《判斷力批判》一書。

美學判斷力的鑰匙：品味

康德認為，品味是主觀判斷力的施展，讓我們在事物上發現美、體驗美，但是他並非要討論甚麼才是好品味，而是在問：品味在心靈之中的根據，以及從品味出發來看美與崇高出現的條件。

在《判斷力批判》中，品味並不是經驗主義所說的「由社會習俗或約定俗成」而習得，也不是理性主義所說的「在理智中觀照事物的完美模樣」而獲得。真正純粹的品味活動，不為任何外在目的約束、也不為感官刺激所左右、也不事先以理智規劃所主導。當我們感受到美與崇高時，是主體中的

自由想像令我們產生愉快或崇敬的「情感」，同時這種主觀感受，我們不經任何概念或強制，而直接覺得這種情感人人都是相同的。在批判哲學的探究中，這樣的品味活動，足以充當美學判斷的基礎。

以美來說，康德舉過一個例子。我們可以理解並認識「草地是綠色的」，但是這個判斷不是美學判斷，而是規定判斷；「草地綠意盎然」則是一種主觀品味的感受，屬於美學判斷。這種判斷雖然主觀，但我們卻又能設想人人皆能同意這種感受是愉快的，無關乎草地本身究竟在概念中是否被清楚掌握。感受到草地盎然，最獨特的地方在於，一般我們的滿足感來自欲求目的完成，但是那種美的觀賞並不涉及利害關係與對事物的認識，美的存在也無需涉及任何目的，純粹感受到這樣的美就可令人滿足。這便是美的根據：在可理解的界限內（或在知性的界限內），光是單純自由想像所帶來的普遍又愉快的情感。

後世經常以此批評康德的《判斷力批判》將品味與知識真理脫勾並將其窄化。事實上，如**伽達默爾**（Hans-Georg Gadamer）曾指出，康德所要指明的是，品味介於感性的被給予層次（經驗主義）與理性概念的抽象層次（理性主義）兩者之間，開啟了想像力自由遊戲的空間，使想像力獨立於兩者，不為兩者所規定。同時，品味的先驗奠基，讓想像力不只是感性對象的模仿而已，而是一種朝向概念形構過

程中的生動自由想像。故而，康德將品味歸於主體的先驗能力，其意義不是簡單讓品味失去認識的地位，而是人自由空間的開啟。

而**崇高**（sublime）則是我們在面對自然的浩瀚無邊、或是自然變化的巨大力量，引發超出我們可理解範圍的自由想像，而感受到自身視野的局限與生命的渺小。這種無邊的想像讓我們產生直接的敬畏感受。同時，我們也會把這種感受設想成普遍的。由於美與崇高所蘊含的情感，雖是主觀卻又能夠設想成人人普遍的共通感受，故帶有反思判斷的特質，屬於判斷力的一種。

康德以品味出發來談論美學的意義為何？品味的意義不只是單純的感受好壞的問題，同時也是人文學培育心靈能力傳達情志的關鍵所在，以品味為基礎的美學因而跟自然科學與道德哲學不同，因為品味是一個由情感與自由想像構成的獨立領域，不依賴概念指引，否則便限制了想像力的空間，因而跟以真和善為課題的領域不同。所以康德談到，在藝術世界中才有所謂的天才，因為科學世界是依據規則來探究的領域，而天才則是在不依循規則的情況，不柔捏造作而自由展現了藝術的新典範。另一方面，康德將美看作是「無利害關係、不涉及對象認識、純粹感受愉快」的品味活動，意味着生命在其主觀方面有着不依賴理智與感官經驗的本領。

尋找有機體，認識自然

前文說過，判斷力是從個別掌握到普遍的，這樣的活動在主觀的面向上以美學判斷的方式出現。然而，這種判斷模式，不只能夠與主體有關，也能夠在客觀面向發揮作用。當我們觀察大自然中的有機體時，會發現如果只是以因果法則來解釋有機體，很容易將有機體理解成各種材料組合起來的機械。但是有機體的一個重要特徵，卻是機械無法比擬的：**自我組織**（self-organizing），並以此自我保存。有機體的自我組織，是指它的每個部分同時也是其他部分的因與果，彼此連結並產生整體的存在。例如，一棵樹的樹根與樹葉，鳥的羽毛與骨骼，動物的內臟與五官等，我們很難從這些材料看出它們的結合理由何在。但是，大自然的有機物雖然沒有向我們提供其存在的理由與資訊，但我們卻能夠設想這是一種自我組織的活動。康德相信，雖然自然本身並未向我們的認識表現其目的，但我們能夠運用判斷，將它們的各個部分視為有機的結合系統。這種判斷的最高成就，便是將大自然所有事物看作是大自然的目的，並啟發我們在這樣自然目的中生存的人，最終將自己視為自然的目的。

為此康德認為，判斷力為科學認識提供了一個**調節性原則**（regulative principle），將大自然視為自我組織的存在，但是這並非要取代科學認識，而是指引科學認識不要太快將宇宙視為無機組合的巨大機械，從而由反思判斷力所提供的角度來觀察自然。

合目的性作為判斷力的法則

美學判斷與自然目的論判斷是反思判斷力的成果，康德認為，指引反思判斷力的法則，之所以是「合目的性」，在於美的事物不為任何目的存在，但我們對它們興起的想像又不是雜亂無章的在我們的心靈中出現，它們恰巧契合心靈的知性與理性機能；同時，雖然我們對美的事物沒有任何要求，但它的完美又讓我們心滿意足，康德稱這種特徵為「無目的的合目的性」。自然目的論判斷，在我們將大自然看作是自我組織的系統時，已經相信每個部分的存在都有未被認識的目的，因為它們有規律、有方向的運作着。這兩種判斷，都沒有在事物身上認識任何目的，卻又由我們心中提供的合目的性法則，調節我們看待事物的感受與觀察，因而一切從個別體察普遍的歷程，可以說都是以合目的性作為指引。

以反思判斷力與其合目的性作為調節性原則，最終啟發人們從認識自然的位置，轉移到從道德的立場來採取行動。對康德來說，這就聯繫了第一批判（如何認識世界）與第二批判（應該以甚麼目的作為真正的追求）。康德的《判斷力批判》的貢獻，在於讓美學與目的論脫離經驗主義與理性主義傳統的解釋，並且在品味與有機體的現象中，給予跟認識法則與自由法則不同的第三種法則，卻又不違背這兩種法則。這三種法則看似三足鼎立，但與認識、自由的法則互相對照。

德國觀念論（下）

德國觀念論（下）

費希特（1762-1814）

| 1762 | 1766 | 1770 | 1774 | 1780 | 1784 | 1788 | 1792 | 1796 | 1800 | 1804 | 1808 |

黑格爾（1770-1831）

1812　1816　1820　1824　1828　1832　1836　1840　1844　1848　1852　● 1854

約翰・戈特利布・費希特

Johann Gottlieb Fichte

(1762-1814)

於1762年出生於勞齊茨一個貧窮手工業者家庭。其父有九個子女，費希特為長子。生活貧困，人口又多，幼年的費希特需要為家裏養鵝以維持生計。

由於天資聰慧，一位名為米爾提茨的貴族決定資助他上學。後來在貴族學校裏，費希特由於出身低微，經常受到紈絝子弟的侮辱欺凌。他曾嘗試逃離學校，過歸隱的生活，但想起父母和可能遇到的困難，最後回校繼續學業。

他在幾個月內讀完「三大批判」，欲拜訪康德不遂後寫了《試評一切天啟》。康德閱讀後發現這篇論著不僅符合自己的觀點，而且有着自

己所欠缺的流暢文筆，因此熱情招待了費希特，並促成此書出版。費希特終於名聲大振。

成名後，費希特喜歡用演講來宣傳自己的思想，喚醒人心。

1814年，因妻子參加德國反抗拿破崙的自由戰爭，感染傷寒，費希特被傳染，因病身亡。

費希特是康德哲學的繼承者，同時卻又不同意康德哲學的二元論思想，企圖創造一個新的哲學體系，構成了近代歐洲理性主義哲學發展的一個里程碑。哲學上，謝林和黑格爾都可以說是他的信徒。當代哲學中的胡塞爾和海德格爾都曾詳細闡述過他的思想。同時，他對自由和公正的孜孜追求，在當時也起到振聾發聵的作用，深刻地影響了德國浪漫主義的「狂飆運動」。施萊格爾（Friedrich Schlegel）稱他的知識學是那個時代「最偉大事件」之一。馬克思和巴枯寧（Mikhail Bakunin）等也從他的激進著作中獲得力量，從而創造自己的革命思想。

獨斷論與觀念論

康德建構的批判哲學，直接影響了後來的整個德國觀念論哲學。而圍繞着康德「物自身」的概念，後康德觀念論的各個分支對這個概念提出了不同程度的批判。費希特作為康德哲學的直接繼承者之一，與其說他揚棄了康德的物自身概念，倒不如說他反對的是人們對物自身概念的獨斷理解。在費希特對物自身概念作出過最詳盡討論的著作《知識學的第一導論》中，他的批評對象明顯不是康德，而是獨斷的**物質論**（materialism）。

在該書中，費希特指出，想要解釋經驗的基礎只有兩種進路：要麼從物自身着手，要麼從理性着手。**獨斷論**（dogmatism）就是以物自身為起點來解釋意識的一種物質論的哲學立場；而相比之下，觀念論則採取一種**非化約**（non-reductive）的立場，透過勾勒絕對自我的功能和內在意涵，嘗試捕捉經驗的先驗條件。

獨斷論—物質論的研究對象，就是可經驗事物之間的因果律。作為一種知識論立場，它強調物質之間的因果關係不單

不受制於人的認知，物性更因其先在地位而能夠超然地限制認知能力和意識。按這個說法，意識不過是因果作用的反映，它本身並無獨立性質。認識活動唯一的任務，就是冷靜地、直接地觀察和歸納事物關係，一切所謂反思或概念活動都是多餘的。在費希特的分析中，獨斷論─物質論的特點是它呈現了一個一維的、單向的結構，所有現象（包括意識和物理現象）透過它們之間的因果關係形成一個序列。

在這個結構中，由於意識只是物質反應的副作用現象，意識本身不具有主動性和約束因果的能力，所以它只有次等的地位。費希特之所以認為這種論調獨斷，是它對於因果律的解釋效力並沒有作任何後設的考慮就直接視之為理所當然。費希特批評，這種獨斷論並不能讓人真正理解經驗現象的**呈現**（presentation／representation，傳統中譯為「表象」，但在費希特的系統中我們譯為呈現／意像）。相比之下，觀念論則有一個二維結構，它除了承認因果律所主導的實然序列之外，也承認理性自律主導的觀念序列，亦即不能把自我化約為物理或物理的附屬。

知識學的基本元素

當代哲學的**知識論**（epistemology）跟費希特的哲學──**知識學**（Wissenschaftslehre）── 有非常不同的意涵。這裏要談論的知識學，並不是當代哲學意義下的知識論，而是費希特的先驗哲學。費希特知識學關心的是，知識整

體作為人文現象以及這個人文現象背後有甚麼普遍條件？當中牽涉的問題包括：客觀對象得以在經驗中呈現有甚麼基礎？意識中的呈現如何指涉到對象？為何呈現會伴隨着**必要感**（feeling of necessity）而出現？對費希特來說，處理這些問題就等於處理康德的問題：**先天綜合判斷**（synthetic judgments a priori）如何可能？

對於甚麼是知識，知識學有某些明顯的前設。例如，知識必須是有系統的、有基礎的、有規範的，且是我們能夠知道和肯定的。在這個脈絡下，知識有兩個緊密相連的面向：一方面它作為人文現象，是有限主體認知世界的產物；另一方面它卻有着獨立於主體任意性的客觀內容。這看似對立的兩面，形成我們知識的出發點，而臭名昭著的後康德觀念論的基本主張——「主客體同一」，其實就是要突出兩者共同的基礎。亦因此，對人類知識基礎的研究與對人類意識結構與認知能力的研究，有着緊密相連的關係。

自我、非我與規定

有關**自我、非我和規定**（Bestimmung / determination，也有使命的意思）的設定和討論，可見於1794/95年《全部知識學的基礎》一書的首三條基本原則。這些原則並非意識可以經驗的意像，因為它們指向的並非任何存在的外在實物，而是理性的知識系統內部的必然設定。

「自我」這概念承繼了康德哲學中先驗統覺的功能，簡而言之，它就是判斷以及所有其他認知功能必須假設的統一性。判斷是德語邏輯傳統的術語，一個判斷就是一個包含主詞和謂詞的命題，而所謂「**設定**」（setzen）就是讓個別觀念得以成為命題的組成元素。把主詞和謂詞連結一起，成為一個判斷命題的條件，就是自我的統一性。而這個統一性是自設的、絕對的，因為即使沒有任何不統一的判斷或意識的行動仍然可以稱得上理性的判斷或行動。費希特在其他版本關於知識學的闡述中，往往就是從一個對自我極簡的功能意義出發，並隨着推演再逐步豐富其意義。這個哲學意義下的自我並非指向任何一個個體，略懂德語的人馬上可以看到，das Ich 並非**索引詞**（indexical），而是**單稱**（同時卻又抽象的）**名詞**（singular noun）。它甚至不是我們日常經驗中的**自我意識**（self-awareness），因為嚴格而言，先驗哲學所講的自我作為經驗的條件，並不是經驗知識的對象。

「非我」則是自我以外的認知內容的**總名**（generic term），也是除了認知功能的統一性以外，另一個必須的理性設定。單是統一性的設定並不能解釋之前所提及知識作為人文現象的一個特點，就是知識有關乎客觀內容。若果知識有獨立於認知主體的客觀內容，那麼理性除了要設定自我便還須設定非我。自我和非我並非兩個毫不相關的設定，若果理性是一個融貫的系統，則兩者之間便有某種綜合關係。

費希特認為，這個自我與非我之間的綜合關係，就是康德所追尋的先驗綜合判斷的基礎。費希特亦稱之為**基礎綜合**（Grundsynthesis／fundamental synthesis）。而確立這個關係，就是對自我作進一步的規定。因此，自我不再僅是一個絕對的條件（即絕對自我），透過設定非我，自我這個概念得到進一步的規定，成為**有限的、可分的**（teilbar／divisible，換一個通俗的講法也就是片面的）自我。而「非我」並非如物自身一樣的存在，它的設定也須以自我為條件，所以它同樣是有限的概念。換句話說，假定知識有客觀獨立的對象，這本身就是知識條件的一部分。

自我和非我之間有相互限制的關係，費希特稱這種關係為**相互規定**（mutual determination）。這種互相規定，突顯了自我的有限性，而自我的有限性同時是實踐理性的表現。

理論與實踐的同一

理論哲學和實踐哲學的融合，可以說是早期費希特非常關心的議題。初期知識學的一個目標，就是展示理論理性和實踐理性的同一。雖然康德也認為，理論理性和實踐理性並非兩個不同的理性，但他卻將兩者割裂，以至在他龐大的先驗哲學框架下，理論哲學和實踐哲學並沒有多少交集，彷彿兩不相干。但在知識學早期的發展中，我們已可見到，費希特所構思的實踐哲學，並非如康德一樣等於道德哲學和倫理學（即使他的確依據知識學的原則發展出一套倫理學），而是

具普遍意義的、關於**理性活動**（Handlung／act）的理論。由於知識學所研究的知識條件，如基本設定及綜合判斷形式，基本上就是理性的活動（因此理性不該被視為靜止固定），因此一套普遍關於理性活動的理論便同時為理論知識提供了一套**構成的**（constitutive）基礎。

理性的基本設定便從中得到更具體的實踐意義。如在實踐哲學的層面上，康德的道德哲學中的「定然律令」，在費希特的知識學中就是統攝非我的絕對自我統一性設定，而理性的自我設定在實踐上，亦同時是一個**無限的追求**（striving）。對費希特來說，定言律令牽涉的並不只是道德行為，它也是對有限自我與絕對自我間同步一致、亦即對於理性秩序之統攝力的設準。在具體的經驗世界當中，有限自我無可避免受到非我的限制，但這無礙於絕對自我對有限自我下達命令，要求有限自我突破非我的阻礙或限制，使有限自我達到與絕對自我的道德實踐要求同步一致。在這更廣的意義下，定言律令對知識的構成有指導意義。有限自我的**情感**（feeling）在理性的無限追求下衍生，而各種情感就是追求當中不同環節的表現。經驗和知識不單是純粹理性的表現，同時也是對情感的轉變與和諧的追求，這亦對應了規定這個概念在德語中「使命」的意思。

Friedrich Schelling
(1775-1854)

弗里德里希·謝林

1775年出生於維滕堡公國首府斯特加特，父親學識淵博，後來還成為教會主教。謝林後來對神話、啟示等興趣跟父親有很大關係。

從小聰穎過人，10歲進入拉丁語學校，一年後老師已經認為他在學校裏沒有甚麼可學了。

15歲已進入圖賓根神學院，與黑格爾、荷爾德林同住。後來三人成為好友，在思想上互相激勵，共同進步。1789年法國大革命爆發，謝林和黑格爾曾仿效法國人，在郊外種植自由之樹。他們還參加大學生組織的讀書組，朗讀違禁作品、討論政治時事、唱《馬賽曲》（這首歌的德語版正是謝林翻譯的）。

畢業後，年輕的謝林不願意做神職人員或家庭教師，希望直接成為教授。幾經周折之後，他終於在歌德的推薦下出任耶拿大學教授。在很長的一段時間內，他都是德國歷史上最年輕的教授。

在整個哲學生涯中轉向頗多，最初關注先驗哲學，後來轉向藝術和文學，最後似乎走向神秘主義，每個時期他都有大量著述。

1854年於瑞士逝世。

謝林的思想在出現以後，由於他運用的文字過於艱澀、康德和黑格爾太過耀眼等種種原因，在很長時間也沒有得到太多人重視。海德格是少數重視謝林哲學的哲學家，他認為謝林的思想比黑格爾的更加深遠，而他哲學裏的「事件」概念，也借鑒了謝林的哲學。謝林的哲學中對非理性「開端」環節的關注，使他比其他哲學家更能被當代哲學所接受。事實上，他的身影最近也開始在哲學界出現。最近20年，人們慢慢開始閱讀謝林，越來越多關於他哲學的論文和著作出版，其中包括齊澤克運用精神分析思想對謝林進行重新解讀。

EP35 謝林：自然哲學

費希特觀念論

謝林早期是費希特知識學的熱切擁護者。與費希特相似的一點是，他的哲學寫作同時反映他的思想轉變過程，而謝林終其一生也未完成其哲學研究。但相比中年病逝的費希特，謝林有較長的學術生涯，而且有更多的轉向和變化，以致很難說他有一個獨特的哲學系統。於當代的謝林研究中，學者對於劃分謝林哲學的階段時期眾說紛紜，但謝林不同時期的哲學都有一個相對明顯的、具連續性的主題：**自然**（Natur）。

謝林在1797年出版了《自然哲學觀念》。然而，這還不算是他成熟的自然哲學。更準確來說，他在這部作品中把費希特的觀念論應用到解釋自然之上，並以此對獨斷論和康德觀念論提出反駁。在康德先驗哲學的傳統下，「自然」是個形式化的概念，泛指一切在**現象**（appearance）中出現的、受自然法則所限的外在世界。對這時期深受費希特影響的謝林來說，自然是自我活動的延伸，而自然哲學也是先驗觀念論的延伸。當中一個重要問題是如何理解因果律的哲學基礎。

自休謨開始，哲學家對因果律的分析大多着眼於因與果在時序上的相連。而從康德開始，時間作為感性形式被認為是主觀的認識條件。在這個基礎上，謝林認為，以**時序的樣式**（temporal pattern）來認知事物只反映了人類的有限性，從絕對認識者的觀點看，事物的因果會是同一且無間隙的。也即是說，對自然作時序上的描述，已然預設有限認識者的觀察角度。對觀念論者來說，這本身無損自然規律的必要性。但謝林認為，康德對物自身的設定，反而使因果律以至自然法則的必要性變得可疑，因為事物以至自然自身可能並非根據時序及因果規律運作。相較之下，由於費希特的觀念論並不設定物自身的存在來解釋經驗來源，這樣（弔詭地）反倒可以保留自然律規的必然性。

自然哲學

然而，隨着謝林更進一步發展他的自然哲學，他跟費希特的觀念論便愈走愈遠。到1801年，謝林區分了「自然的觀念論」與「自我的觀念論」，指出前者不是後者的應用，它甚至是後者的本源。在謝林回應另一同期的、採納費希特觀念論的哲學家**艾申邁耶**（Carl Eschenmayer）的文章〈自然哲學真正的概念及其問題的正確解決方法〉中，我們清楚見到謝林的自然哲學真正獨立於費希特的知識學，甚至獨立於廣義的先驗哲學而發展。從文章開首就可以看到，謝林認為自然哲學的任務並不是為自然現象提供**先驗演繹**

（transcendental deduction）；他甚至指出，自然哲學是個自足的整體，而且是門跟先驗哲學全然不同的學科。這顯示了一種跟 1797 年出版的《自然哲學觀念》中對自然截然不同的理解。

這個改變不可單純地被理解成物自身的回歸。當謝林提出意識從自然而來，而非自然從意識而來，他的意思並不是要回到物質論的傳統。這個轉向背後的動機，其實跟費希特放棄萊因候爾德的基礎哲學有點相似，那就是謝林認為，費希特觀念論的自我並不是最根本的起點。當觀念論哲學家以自我為出發點去理解自然的時候，他們最終亦只能停留在自我之中（因為自然的意義來自自我的設定），而並不能真正把握自然的獨特性。費希特的觀念論把自我等同為「主客同一體」，但其實比自我更原初的主客同一體是自然，而自我則建基於其上。謝林的自然哲學就是要進一步把自我抽離。這個意義下的自然並非一團死物，而是具有**生產力**（productivity）和**潛力**（potency）的主客同一體，而自然哲學的下一步，就是從這個自然角度論述其自我建構的過程。這樣做的意義，並不是要把意識現象從**真實**（reality）排除，而是基於一個（新柏拉圖主義式）形而上學的假設：多樣性從同一性蛻變而來。雖然，費希特觀念論的「自我」指向的正是所有觀念原初的同一性，但謝林認為，它並不具有產生多樣性的潛力，所以它並不是真正的同一性。

這時期的謝林參考很多當時經驗科學的新發展與新發現，屬於觀念論傳統中嘗試融合哲學與科學的佼佼者（他甚至創辦了《思辨物理學期刊》）。當中對謝林最大影響的，就是**磁力學説**（Magnetism），他認為磁力就是自然現象和機制的基礎，而每塊磁石就是整個自然的象徵。從今天的科學發展和標準來看，謝林對磁力的看法很可能已無甚參考價值，但其背後的哲學動機卻值得留意。對謝林的自然哲學來説，磁力現象提供了一個有助理解主客同一體的模型。磁石的兩端有着截然不同、互相排斥的屬性，然而，我們見到的磁石仍是一塊整體，而不是兩個個體，謝林認為，那是因為磁石的中心是一個**無差別點**（point of indifference），這無差別狀態使磁力的二重屬性形成一股一體的作用力，而不是兩股不同的作用力。對於磁石現象的科學把握，體現了人類思想向同一哲學的過渡。

同一哲學

對**主客體**（Subject - Object）的研究，可以說是德國觀念論哲學家一個共通的議題。承接着以上對謝林自然哲學的簡述，我們知道，謝林對這議題的反思構成了其哲學發展的一個重要階段，這階段可稱為同一哲學。這階段的重要著作包括 1801 年的《演示我的哲學體系》和 1804 年的《全部哲學及特別是自然哲學的體系》。如果說謝林的自然哲學是他看到康德—費希特式的觀念論過份側重主體後所作出的回應，則他的同一哲學也是對傳統哲學上主體與客體、形與質、絕對與有限等二分的回應。某程度上更可以說，在觀念論的傳統中，他先於黑格爾構築了一套形而上的**內在論**（immanentism）。

同一哲學認為，**統一性**（unity）和**多樣性**（multiplicity）是**存在**（being）的一體兩面。主體與客體、心靈與物質表面上是不同的事物，但其實只是不同的謂詞，描述存在的不同屬性。謝林以地球為比喻，指出當我們描述地上多樣的事物時，事物多樣化的程度並不會讓我們將某些事物判斷成為在另一個地球發生的事物。我們可以把比喻中的地球

換成宇宙或真實，即使我們的知識、對事物的判斷都牽涉概念或事物之間的基本差異，但它們都有一個同一的可知領域。因此，同一哲學認為，真實的形而上學基礎就是**絕對同一**（absolute identity），而這種同一性就是真實的整體性。這種對絕對者的理解的特點，在於它不再以**超越的**（transcendent）目光來理解**絕對**（the Absolute，**用非哲學的術語也可換成上帝**），絕對並不是超越真實、與現象截然不同的存在。絕對所扮演的功能角色，就是主體與客體、自然與精神、實在界與理型界、形式與質料之間的連結。再具體一點說，上帝並非存在於宇宙之外的創造者，而是在宇宙之內。費希特因此認為，謝林的哲學體系所演示的其實就是一種斯賓諾莎主義變體。

在這個脈絡下，同一性有獨特的形而上學意涵。雖然謝林以簡單的傳統邏輯方式A=A來表達，但他所表達的並不是形式邏輯中沒有資訊內容的**套套邏輯**（tautology）。謝林回應黑格爾的批評時指出，同一哲學並不是要取消所有差異，而是要演示差異性如何從同一性演變而來。同一的絕對性並不在於它是一個恆真的關係，而在於它作為絕對的同一關係，必然優先於它的**關係項**（relata）。即是說，同一性並不是假設個體事物存在、並外在於**事物本質**（essence）的關係；作為真實的基礎，同一性必須具有產生個體事物本質的創造力，它並不是一個靜態的關係，而是動態的、潛在的本源力。然而，謝林發現，同一哲學不能解釋為何絕對者要從同

一性過渡到多樣性、為何多樣性會出現（就當時的宗教哲學與神學的背景下，這等於解釋不了創世的問題）等問題，所以不到十年他就放棄了這個哲學計劃。

實定哲學與否定哲學

謝林後期把哲學分成**實定哲學**（positive philosophy）和**否定哲學**（negative philosophy）。謝林的後期哲學於當代獲得更多的注視，而對於應該如何理解他的後期哲學，學界仍有很多討論和研究。與他前中期持續寫作和出版的哲學發展不同，謝林的後期哲學是經過長時間寂靜與反思的結果，這階段的代表作有《純粹理性哲學的演示》和《神話哲學與天啟哲學》。概括地說，他的後期哲學已經不是自然哲學，甚至可以說也不是觀念論，而是一種後觀念論的、啟示着存在主義的形而上學。謝林反思到當時為止的哲學發展，其批判對象不但包括笛卡兒、康德與費希特，甚至也包括他自己的同一哲學以及黑格爾的絕對觀念論（在黑格爾死後，謝林被召到柏林大學取代黑格爾的教席）。

否定哲學就是通過絕對理性，找出我們所知的現實之可能條件的哲學。否定哲學對**真實的**（reality）和**實然的**（actuality）有着割裂的理解。由於絕對理性以找出知識的普遍和先驗條件為出發點，真實往往被理解成**可知域**（intelligibility）。可知的就是真實的，因為可知域有某些普遍先驗條件，而這些條件作為心靈與概念的結構，使可知

的就是合理的、必然的。然而，真實的並不等同於實然的。在否定哲學中，絕對理性本身就是抽象化的產物，它只是一個觀念而不是個體的**存在物**（existent），因此它並不能解釋實然世界的存在。

在觀念論傳統中，**絕對者**（the Absolute）是解釋經驗事實一個必須的設準；然而，我們卻不能從**絕對觀念**（absolute Idea）得出實存的事實。因此，謝林的實定哲學認為，絕對者不是觀念，而是實然的存在物；這亦即是說，他不同意觀念論對上帝作為非個體化及非人格化神的哲學理解。謝林的實定哲學顛覆這種想法，並視上帝為絕對的存在者，而絕對存在者是個實然的存在，祂的**個體性**（individuality）是概念普遍性的條件。換言之，實定哲學的上帝是**天啟的**（revelation）上帝，這使實定哲學聽起來甚具神秘主義及宗教色彩。

然而，這並非單純回歸到前觀念論時期的形而上學，因為實定哲學的起點並不是教條式的信仰，而是建基於否定哲學的發展與終結之上。謝林認為，無論是他之前的同一哲學或是黑格爾的絕對觀念論，都是從概念上的、抽象的規定開始（同一性和純有都是抽象的概念），抽象規定並沒有給予實然性應有的地位。而只有當哲學以實然的絕對存在者為起點時，它才能充份了解到世界存在的偶然性與非理性超越了理性的可知範圍，並非透過絕對精神的自我規定可以得到消解。

弗里德里希·黑格爾
Friedrich Hegel
(1770-1831)

1770年生於德國斯圖加特一個典型中產階級家庭。父親是稅務局書記官，弟弟成年後尚未成家就在拿破崙進軍俄國的戰爭中身亡。妹妹終身未嫁，與黑格爾關係緊密。

青少年時期的黑格爾是一個模範學生，學習勤奮，天資聰穎，還當選畢業生代表在畢業典禮上演講。

在圖賓根神學院學習時，他是城裏政治俱樂部的積極分子，常常發表演説。因為法國大革命，他還和同伴仿效法國人栽了一棵自由樹，並圍着樹跳舞。

在耶拿大學講學時，與謝林共同創辦《哲學評論雜誌》，兩人共同創作文章，但都不署名。1807年，因批評謝林的「絕對同一」思想，導致兩人斷絕朋友關係，雜誌也因此停辦了。

晚年在政治上變得保守，儘管如此，在1817年一系列的政治事件中，面對學生的過激行為，他不顧個人安危提供幫助，當局對此十分不滿。

1830年被選為柏林大學校長，一年後獲得普魯士國家獎。

即使黑格爾在生時，他的思想已經傳播到世界各地。或許正正是這個原因，在他的哲學生涯後期開始到他死後，他的哲學被嚴重地教條化，失去了活力。到了十九世紀四十年代，他的影響力已經逐漸減少。儘管如此，他的思想卻經常在以後的哲學中——馬克思、尼采、齊克果、海德格、德勒茲那裏和很多分析哲學家那裏——以「敵人」的身份不斷出現。可以說，他從來沒有在歐陸哲學裏消失過。

黑格爾一般被視為德國觀念論的集大成者，但這種稱號還不足以反映其貢獻，因為黑格爾不單吸收了康德、費希特與謝林的理論，更以自己的哲學體系來梳理整個西方世界的精神遺產，哲學、宗教、政治、科學、藝術與歷史都在他的論述範圍內。一個思想家通常以不同方法處理不同問題，然而黑格爾處理任何分類都是用同一個體系，即他的「精神哲學」。我們要先理解黑格爾為甚麼能用一套體系去講解各種東西，而這問題便涉及到黑格爾所謂的「絕對觀念論」（Absolute Idealism，或譯絕對唯心論）。

最近幾年，他的思想甚至逐漸開始以正面形象進入分析哲學的視野。如果他在當代哲學家的眼中永遠是以一個「怪獸」的形象出現，那麼這是否說明，我們還活在他的陰影之下？難怪傅柯1970年在法蘭西學院的就職演說中就說：「我們的整個時代，都在試圖超越黑格爾……我們慢慢地與黑格爾分開，並保持距離，但與此同時，我們又感受到自己被帶回到黑格爾那裏，只是以另一種方式罷了。而後，我們又不得不重新離開黑格爾。」

1831年黑格爾於柏林病逝。

黑格爾：絕對觀念論

對物自身的捨棄

康德在其知識論體系中設定了「物自身」，以劃分人類知性的界限。在前文已介紹，康德的「哥白尼式革命」將哲學探索的首要對象由客體（被認知和被實踐的東西）轉成主體（認知者和實踐者）。主體雖然有着先驗的認知機能和道德法則來確保知識和行為有普遍的準則，但也只能以這些機制來處理客體給予的「現象」，而客體所擁有但超出了認知界限的性質，即物自身，便是主體不可知悉的。黑格爾對物自身的批判有幾個方面：首先，他認為所謂物自身不過是思維減除了自己而產生出來的殭屍，毫無內容，其實只是主體的幻想，並不是真正的外物。其次，康德這種做法把主體和客體二元分隔開來，客體成為無法用理性和知性觸碰、而只能以信仰來達到的超感官世界。第三，康德式主體永遠停留在自己這邊，達不到客體的彼岸，求知慾因此不可能被滿足。

設定了物自身的康德哲學，被黑格爾稱為**「主觀觀念論」**（Subjective Idealism），因為它的認知機制雖然是普遍的，但只屬於認知主體自己，而與客體世界無關。一旦我們要

探究世界本質，便會出現「二律背反」，顯示了理性和知性的越界和無能。黑格爾批評康德這種說法是「溫情主義」，相信世界本身和諧，以為唯有人的有限思維才會推導出矛盾。恰恰相反，黑格爾大膽地將矛盾視為世界的本質，「二律背反」所反映的不是人類自己的界限，而是世界本身的開放性和生命力。黑格爾稱自己的哲學為「絕對觀念論」，認為思維（包括理性和認知機制）不僅屬於人類，它們同時是世界本身的規定；同理，思維所不能處理的矛盾，也是世界本身的矛盾性。絕對觀念論的綱領可以概括為一句話：「實在事物的秩序和聯繫同樣是概念的秩序和聯繫」，亦即主體和客體的本質是一樣的。

思維的地位

「絕對觀念論」可能是黑格爾最受誤解的觀點。其中一種反對聲音指出：「說想到的東西就是實在的東西，真是荒謬得很，難道我們幻想蘋果從地面飄浮回樹上，蘋果就真的會這樣做嗎？觀念論不就是一種魔法迷信嗎？」其實這種說法錯誤地假定了思維是一種任意妄為的心理行動，即我們平常講的空想。空想者覺得只要命題不存在矛盾就是可能的。比如說「月球可能在明天貼近地球」、「政府高層是外星人裝扮而成的」，這些命題在語理上並無矛盾，所以也是「可能」發生的。一方面空想反映了思維有脫離感官對象和任意聯想的自由，另一方面，空想只是不充分的思維，不是思維本身。真正的思維既不是隨意的，更不是反映事物的空鏡子，而是

有內在的普遍形式和嚴密的內容層級。黑格爾在其鉅著《邏輯學》中，便旨在將思維的內容層級排列出來，更高級更具體的概念包含着更低級更抽象的概念。黑格爾把純思維的規範演示出來，以說明真正的思維雖然不受經驗主宰，但有嚴格的條件和效應，因此雖然思維是主體擁有的，但同時是客觀和絕對的。

此外，一般都認為，思維只是心靈的諸多機能之一，與感性、情緒、記憶、意志、身體控制等其他機能（它們都需要經驗對象）各司其職，有着平等的地位和獨立性。黑格爾認為，諸多機能當然可以在不同時刻有不同的比重，但它們都是思維的表象，被思維統攝，不可能獨立於思維。比如，一個從感性得來的命題：「我面前是一塊樹葉」已包含了思維的內容：我與樹葉非同一、樹葉有量向、我和樹葉有存在性等。因此，思維並不只是心靈的其中一種機能，而是心靈的最根本形式，是心靈不處理感官和記憶對象時的純粹狀態。

精神與歷史內在論

黑格爾排除了物自身的設定，將思維的規定（即概念）與事物的規定一體化；他又指出，人類心靈的一切機制都是思維的模態。聽起來這好像只是「另一種說法」，不過是把思維的作用講得比康德描述的更全面罷了，對我們來說有甚麼新意義呢？黑格爾對哲學的真正貢獻，當然並不在於修補前人哲學有漏洞的地方，而在於把思維看成是一切事物的根基，

消除了主體和客體之間的絕對矛盾。思維並不只是人對物的鏡像反映，而是有着生成作用和本體論的地位。這個既是主體又是**實體**（substance）的思維，即黑格爾所稱的**精神**（Geist／Spirit）——世界的本源。

雖說思維的規範有着固定的法則，但事實上心靈在每個人、每個民族、每個社會模式、每個時代皆有着截然不同的表現。這些差異並不只是學理或純邏輯的對立，更體現為文化、國家和個人之間的衝突甚至戰爭。如果黑格爾說精神是世界的本源，那現實世界的衝突是否反映了許多個不相容的精神在鬥爭？這個問題便是黑格爾最受爭議的地方。他不認為有多個相異的精神發生衝突（像一些神話所描述的善神與惡神鬥爭），而強調只有同一個精神自己在發展。在這個過程中，精神的不同環節爭相出場和維持自己的地位，而它們的生滅都是合乎理性的。精神的發展與環節就好像植物那樣，從種子萌芽，長成苗、莖、葉、花、果實，果實中又有種子。每一個環節都已包含下一個環節的生長潛質，而新長成的環節又會「**揚棄**」（aufheben）上一個環節，這並不是說新環節消滅舊的，而是取消它的主導地位，但又仍然保留它的功能。我們從中不會看到有一個叫植物的階段，因為所謂植物，其實就是全部環節的發展過程。

精神是一切事物的本源，它沒有真正的外部，但它同時又意欲向高級階段發展，亦即要變得更自由、有更豐富的知識和

更清楚的自我意識。黑格爾消除了物自身和主客體的絕對矛盾，也同時消除了內外的界限。世界（也就是精神的產物）的發展因此不是受到外部和偶然的原因推動，而是完全自發和按着概念推動的，所以黑格爾的哲學可說是一種「**歷史內在論**」（Historical Immanentism）。

黑格爾：絕對觀念論

甚麼是差異？

黑格爾取消了康德的「物自身」，亦即取消了主體與客體的差別。雖然兩者被視為分裂，但在本質上它們是同一的，只是精神的環節。我們要怎樣理解本質上是同一，但表現成二元矛盾的東西呢？觀念論（從康德到費希特和謝林，上溯到影響觀念論最深的柏拉圖和斯賓諾莎）指出真正的對立者一定共享同一根據，否則它們的差異只是外在和偶然的，亦即是假差異。比如，天氣和心情是不一樣的東西，但他們的差別不是內在的，這兩者本身與對方沒有關係，所以我們既可以想像它們孤立地出現，也能想像這兩者共同出現（例如，我現在覺得天氣很熱和心情很平靜），它們的現實性和連繫完全取決於外在於它們的東西：感受者和他的當下經驗。所謂的假差異，亦即是「為他差異」，必須有一個經驗主體去對比一物與他物才會形成這種差異。

與「為他差異」相反，真正的對立是一種「自在差異」，而這也是一種**辯證的**（dialectic）關係。比如說，陽極電與陰極電互相排斥，不能在同一時空共存，所以是差異的。從關係的角度來看，我們看到一極排斥另一極，兩者好像處於敵

對狀態，但它們的敵對不是由外物來隨意建立的，而是一極自身已經內含敵對：陽極內部必然包含了對陰極的否定，亦即如黑格爾所講，一極「在自身內就包含着自己和自己的差別」。因此，我們不可能想像只有陽極而沒有陰極，一旦我們說陽極，便同時設定了和它對立的陰極。一如天氣與心情的差異，我們能想像它們共存，也可以想像只有其中一者在場而另一者缺席；而如果講到陽極與陰極，我們便不能想像兩者同時在場，只能想像其中一方存在，但另一方並不是全然消失，而是以被否定的形式持存着：陽極等同「非」陰極，陰極等同「非」陽極。

正因為一極內含着它的反面，所以在邏輯規定上它不能永久保持自身同一，而會過渡到對方。兩極的不能自存和相互過渡，反映了它們自身都是片面的，應該附屬於一個包含它們的統一體──陽極電和陰極電不過是電極的兩個片面環節而已。一般都說黑格爾辯證法的綱領是「**正－反－合**」（Thesis-Antithesis-Synthesis），他本人並沒有用過這個術語。這種描述不是完全錯誤的，只是太過空洞，令人誤會任何一種東西只要和任何一個他物結合，就是辯證關係了，其實辯證關係只發生在一物與自己的對比，而不是與他物的對比。

循環運動與主觀自由

「自在差異」或者「矛盾」就是一切事物的內部構成，每

樣事物最少都有「我—非我」的內在矛盾。好比說生命和死亡（非生命）：有生命的東西不是因為外物推動才死亡的（外物只決定壽命的長短），而是如黑格爾所言：「生命本身即具有死亡的種子」。內在矛盾導致一極與另一極互相排斥，這便是運動的條件，也就是說，一切事物本質上就會運動生滅。黑格爾在此用嚴密的概念區分來詮釋並吸收赫拉克里特的激進運動觀。

但如果我們只從「正—反」出發去理解運動，便只會看到兩極的游離，陽轉成陰，陰轉成陽。這種轉換運動是事物的內在矛盾所決定的，不受外物限制，所以也算是自由的。但很明顯，這是一種封閉的自由，扁平而了無新意，而且是沒有目的的循環——黑格爾稱之為「主觀的自由」。自然體現的就是這種封閉性和機械性，也就是黑格爾對《聖經》金句「日光之下，並無新事」的理解；所以有時候「主觀的自由」也被稱為「原初的自由」。黑格爾當然不甘於停留在主觀自由中，因為矛盾將不能消解，會帶來無比的痛苦，而且這不是一種真正的自由。

發展運動與絕對自由的可能

從「正—反」的片面和缺憾，我們看到「合」才是辯證法哲學着眼的地方。我們在以上都是從個體、已經分裂了的東西作論述起點，彷彿是先有一極，再有相反的一極，最後才有兩極的結合。這種順序只能是「為他差異」、外加的

結合；「自在差異」的東西恰好相反，是同一的東西再分裂出兩極，所以準確來說，不是陰陽兩極結合成電極，而是電極分裂成兩極。釐清了「正—反—合」的次序後，我們便看到黑格爾哲學最核心而又最眩目的問題意識：黑格爾認為，分裂的東西本來就應該被統一起來，那為甚麼同一的精神一開始又要分裂呢？「一—分—合」的動作豈不又是一種多餘和重複的運動嗎？（這也是謝林在同一哲學和內在論遇到的難題。）

黑格爾在《精神現象學》中談到「力」：一般覺得所謂運動就是一道力引導另一道力，即「吸引力」施作用於和它相反的被吸引「力」。但用辯證法去理解，其實力和吸引力都是同一道力的自我分裂，所以這種運動只不過是力和自己玩遊戲，既是「吸引力」吸引了「力」，又是「力」吸引了「吸引力」去吸引它。因為力的遊戲就是兩道力互相吸引，它不可能停滯下來。那力和封閉的自由有甚麼分別呢？力在每一次的交換中，都增長了力量和推進了位置，它已不是原來那道力。正如力分裂成吸引力和被吸引力以不斷運動增長，精神也分裂成主體和客體來發展。

黑格爾把精神視為世界的本源，也就是說，各樣環節早已被精神包含了，它本來就圓滿了，這不正是斯賓諾莎講的上帝嗎？斯賓諾莎又認為，所謂運動不外乎是指一個東西移到別處或成為別物，而上帝既然是絕對的和圓滿的，祂根本

不會也不需要運動。但是為甚麼黑格爾又會把無所不包的精神說成是意欲發展呢？一方面，這是從人類角度出發的現實問題：人類與世界、與自然、與上帝，甚至與自己都是分裂的，但是我們又不甘願處在分裂中，不願意停留在孤獨的片面性上。我們希望征服客體，甚至想消解主客體之間的深淵。而如果絕對者（精神或上帝）因為自己已經圓滿所以全然不活動，那麼人類的「分裂」便是一個毫無理由的事實，統一也無從入手了。

更重要的另一方面，亦即對上帝或絕對者自身來說，祂也想得到現實性。雖然每個環節都已包含在精神（或者說是上帝）自身內，但是每個環節還只是可能的、潛在的，而不是現實的。正因如此，諸個環節處於一個完全平等、沒有差別、沒有秩序的狀態——亦即古希臘人所稱的混沌。為了脫離這種甚麼都可能但甚麼都不清晰、不現實的處境，精神犧牲自己的原初自由和同一性，將內部的環節分解清楚，使它們變得具體、有差別和有序列。精神在得到分裂而來的清晰性後，便要把這些環節重新統一起來。就如同力的運動將自己改變那樣，精神經歷這個發展後已不是原來的混沌精神。這種由混沌的一，分裂成鬥爭的多，然後透過消除主客體對立而得到的統一，是精神贏回來的「絕對自由」。在這種絕對自由中，上帝與人、無限性與有限性、普遍性與具體性、集體性與個體性不是互相排除的，也不只是相互協調，而是兩極融合成一體。黑格爾認為，這種對立但相融的狀態就是「愛」。

EP39 **黑格爾：精神作為個體意識**

意識與對象

我們在以上兩篇介紹到，對立的二元矛盾如何來源於同一根據，以及為甚麼同一又必須分裂成環節，亦即黑格爾的「絕對觀念論」與辯證法想要展示的世界觀。但這些只算黑格爾哲學的根基，還不是他的哲學大廈。黑格爾認為，整個世界就是精神的內部發展過程。精神亦即是上帝，既是能思考的世界本源，又是物性的規定，而且是文明的內涵；而作為精神最基本形式的，就是個人的「心靈」，這包括了認知、感官、慾望與意志等機制。前文已經提過，這一切機制其實都被思維滲透，都建基於主體和客體之間的二元對立：思維者在一邊，被思維的物在另一邊。作為思維者的主體並不是客體的直接反映，因為他有着不同級別的意識，決定了認知者與事物的關係及其處理態度。

最低階的意識，或者說是最直接的意識，被稱為「**感官確定性**」（Sense-Certainty）。一般人（以及將這種看法理論化的經驗主義者）覺得，感性直觀的對象足以構成最豐富、最原本和最有確定性的知識，因為它們沒有被主體的

思維過濾，是被給予的**自在東西**（being-in-itself）。但黑格爾力圖指出三點：第一、如果單憑感官而完全不滲雜思維的話，我們只能得到最空洞抽象的知識：「我感知到有個非我的別物存在」。我們甚至不能說「我面前是大山、草地、樹木等物件」，因為這個命題已經需要思維去切割這些對象，才能把它們說成是不同的物件，而不是一團東西；第二、就算在最空洞的感官知識中，已經有着非感官得來的思維結構，亦即「我」與「物」，亦因此，感官知識本身也不是那麼直接：「我」是通過「物」來得到知識，「物」也是通過「我」來被確認是真實的，所以兩者是辯證關係，沒有對方的存在自己也不存在；第三、雖然「我」（主體）和「物」（客體）實質上是辯證關係，兩者缺一不可，但是「物」被視為先於「我」而自存着，因此它被**「設置」**（posit）為本質性的，而「我」是非本質的。這種判斷表明此階段的主體和客體是不對稱的對立。

第一點其實繼承了知識論的理性主義傳統，認為先天的思維、而不是需要後驗對象的感性，才是知識的首要條件；第二點則吸收了笛卡兒的「我思故我在」和康德的「先驗自我」，主張有一個不可能被消除的「純我」一直思考着，並且意識到和自己對立的「物」。黑格爾的理論創新當然不在於這兩點，而在於展示主體和客體的實質關係是怎樣被誤認：明明主客體是共生和辯證的，但主體不會這樣想，反

而覺得只有其中一方（在這階段亦即是客體）才是真實和絕對，另一方（自己）則是不重要的。意識在此時停留在片面的客觀性上。

自我意識的痛苦與昇華

作為「感官確定性」的意識，一旦了解到「物」的自存性也需要被「我」去感知，便知道「我」也是一個東西，可以被當成感知對象，亦即是說，意識「意識」到自己，它發展成**「自我意識」**（Self-consciousness）階段。自我意識當然沒有消滅感官和感官對象，只是揚棄了它們，令它們不再是意識取得知識的主導手段。自我意識能夠從外部世界中抽離，單純以自己為思考和意識對象，這種抽象思維其實是反自然的。正因如此，自我意識也是一種痛苦，它感受到內部有一個不能被化約為物和律法的「自我」，也因此明確地知道自己與世界是分裂的，它再不能透過確認世界來確認自己了，它需要被其他的自我意識承認。然而，自我意識一開始只能在片面的主觀性與客觀性（他者）之間游離，仍然需要設置其中一方是本質性而另一方是非本質性，因此一個自我意識要麼不奴役別人，要麼不被別人奴役。

這就是黑格爾所講的「**主奴辯證法**」（Master-Slave ／ Lordship-Bondage Dialectic）：兩個自我意識為了確認自己的地位而與對方相搏，勝利者透過被對方承認，來自我確認為具本質性的主人，失敗的一方成為非本質性的奴隸。主人

用奴隸的勞動來獲得自然物，又用奴隸生產的鐵鍊束縛他。奴隸在被奴役的痛苦中，卻徹底體悟到自己的個人意志外還有別的意志，他學習到必須克服自己的本能慾望去服務他人，並以此維護自己的存在。又因為奴隸以勞動來控制自然，他比主人有更好的知識和自我約束力，最終能推翻主人的壓迫。

主人固然通過奴隸來滿足自己的慾望，但其實奴隸也通過主人這個異己的權威提升了自己，得以揚棄自我封閉的個體性，學習到以普遍性原則去統治自己和他人：個體的精神知道自己的意識範圍外，也有不可抹除的其他意識，進而知道意識是普遍的東西。自我意識在苦難和鬥爭中，學習到將主觀性與客觀性（作為同樣有意識的他人，而不單單是死物）、個體性與普遍性統一起來——意識開始懂得用理性來思維。正如精神分裂自己才得以發展，自我意識需要先犧牲原初的同一性與和諧，才得以「贏得」更高等的自由和現實的普遍性。

個體性與普遍性的結合亦即倫理

這種從鬥爭而來的普遍性和理性，並不是超然出世的中立者，與個體性和感性隔絕，而是包含了個體性在內。這種與個體性統一的普遍性，被黑格爾稱為「倫理生活」。在此，我們看到黑格爾與康德的另一個差異：對康德來說，人不單要在行動上遵循義務的規範，更要在動機上完全沒有私心，

僅僅是為義務而義務，這才是真正的善和符合道德。亦即是說，康德認為道德是排除個體性的普遍性。黑格爾批評康德的道德觀實際上是不人道的，人作為生物，他的生活也就不可能脫離個體性——他吃的是個體的食物，而不是食物的理念。黑格爾經常提到一句諺語：**「自己過活，也讓別人過活」**（Leben und leben lassen / Live and let live），人的生存和生活本身完全沒有可恥的地方，人不應覺得基本慾望的滿足是壞事。此外，純道德觀念有一種壞的變體——「良心主義」，人能夠欺騙自己或說服他人自己的行為是善良用意的，以將自己的內心與行為的外部結果分離，甚至以善良的名義行惡。黑格爾因此指出，純道德不過是抽象的主觀性，一定要被揚棄，然後過渡到以個體需求和他人慾望為基礎的倫理。亦即是說，倫理就是社會化了的道德，真正的理性意識必定是一個社會意識。

需求的體系與市民社會

自我意識的鬥爭過程，反映精神並不是原子化的思維，亦即不單單是個人心靈，它的本性注定它會客觀化成為制度和社會。因此，黑格爾的精神哲學並不只涉及心理學，也論及人類學、社會學與政治學。黑格爾指出，人有所謂「第一自然」，即被性慾和食慾這些本能和需求驅動，以及「第二自然」，即需求被抽象化成為與他者建立的社會關係。動物受着自己的本能支配，只能吃某些東西、住在某種環境，牠們只有「第一自然」。人類與動物有差別不是因為他的生理需求更有彈性，而在於他的精神性使他不甘被直接、未經勞動改造的自然所供養。他羞於裸身、不吃生肉、不住在山洞中；他耕作、豢養牲畜、煮食、造衣服、打扮自己。作為個體精神的人類，將自然物變成更精細、更多樣的產品。人類的自然需求因此發展成「需求的體系」：他要以多樣的手段來滿足多樣的需求，所以他要和其他人合作生產，系統性的社會分工與階級制便由此形成。黑格爾稱這個自己為他人勞動，他人又為自己勞動，不同階級有意識地協作生產、相互滿足需求的狀態為「**市民社會**」（civil society）。

精神和勞動有着解放作用。受「第一自然」支配的人和動物無異，他的需求是如此容易被滿足，又沒有思維帶來的困惑，他純真而和平，彷彿比自我意識鮮明的社會人更快樂——文明豈不是一種錯誤？黑格爾反對這種想法，他認為勞動的出現，一方面表示人與自然已經分裂，所以想要回歸自然、重拾穩定的想法都是虛妄幼稚的；另一方面，勞動卻又是對分裂的征服：社會人失去了和諧，又要計劃生產，又要操勞工作，但是他得以脫離自然的蒙昧和限制，他知道自己可以用理智估算甚至掌控自然，他知道人類可以自己滿足自己，因此獲得了知識與自由。

國家作為理性與自由的實體

社會人有更高的意識和思維階段，能夠互相滿足，相對於自然人或野蠻人來說，確實是更加自由，但市民社會和勞動的解放作用還不夠完全：社會市民並非直接享用自然物，而是消費社會產品，亦即是消費其他意志的勞力結晶。因此，一些人越奢侈便令其他人越貧窮——窮人不單飢寒交迫，更被排除在社會外，亦即被排除在普遍性外，因此貧窮是一種惡事。黑格爾主張貧窮問題並不是由自然災害引起的，而是因為市民社會還不是最深刻的普遍性，而且自由也不夠完整，所以必然引起剝削和不公。黑格爾一方面為了解決貧窮的現實問題，另一方面為了刻劃更實在的普遍性，提出了國家的重要地位。

當時流行一種說法，認為只要一個民族內的成員都有真誠的公共精神和友誼，一切公眾事務就自然能活動起來，照顧到每個人民，所以國家與憲法是多餘的。黑格爾痛恨這種想法，因為公共事務既是倫理的重要部分，便必須用理性和嚴密的思維來規定其運行，不能徒有感情，否則公共事務就不會有真正的普遍性。黑格爾主張，國家要用明文法律來清晰界定**法權**（rechts／right），禁絕任何人侵害他人的意志及財產（即意志的結晶），以保障全部人的個體自由得以實現和發展。但國家的作用不單單在於保護市民財產，否則國家就能被其他類型的組織隨意代替了。如果說市民社會是每個階級相互發生關係，好比一個點與其他點連成紛亂的圓圈，那麼國家便是凌駕每個人而又跟每個人發生關係，好比所有的點和圓圈所位處的那一個平面。國家不單有着立法、司法、行政和軍事等現實功能，更有着崇高而實質的普遍性，它不服務於某個個體，而是服務於所有個體。國家成為了制度的理性，它一方面是每個人都要服從的普遍性，另一方面又確保了每個人的自由成為現實。

精神發展作為世界歷史

社會制度也是精神，這說法聽起來好像很空洞，但黑格爾意欲的不是用烏托邦式的崇高原則，來指責現實社會的各樣不足，而是用精神的辯證發展，來證明社會的每個環節（即使它們互相矛盾）都有其合理性。黑格爾的哲學及其名言「凡是合乎理性的都是現實的，凡是現實的都是合乎理性的」不

是要煽動人維護或推翻某些制度，而是要讓人理解那個制度的實現條件（同樣就是消亡條件）是甚麼。一些腐敗、邪惡的制度仍然存在，只證明精神在那個時刻的發展還不夠成熟，社會還不具備揚棄它們的條件。

我們知道，精神的發展目的是更普及的自由與更明確的自我意識，而其發展過程便是「主奴辯證法」。主奴關係不單單是邏輯上的辯證法，更加是現實的世界歷史發展，這一點在黑格爾對基督教歷史的描述裏反映了出來：古羅馬人剛發展成自我意識，必定還停留在片面的設置原則，他們一旦贏得戰爭便會奴役敗方。奴隸制從羅馬人的時代精神來説是合理的，他們作為主人還未意識到人的普遍本性就是自由；另一方面，奴隸既然也是精神，當然也渴求自由，所以他們抵抗奴役也是合理的。古羅馬的歷史只能在奴役與抵抗之間游離，這是因為當時的精神高度不可能將敵對雙方統一。羅馬的專制統治迫使人不能在社會實現普遍性，即如黑格爾所描述，「羅馬皇帝將精神逐出地上」。但是，精神對普遍性的渴求不可能被消滅，而是轉變成一種信仰——基督教正是在這個背景下萌芽。耶穌基督所教誨的「平等」，便是一個能超越主奴關係的概念，因為它能真正統一分裂——不是統一成羅馬人、希臘人、猶太人，而是統一成「人」。

誕生在羅馬帝國的基督教，固然是精神更高級的表現，但這個剛發展出來的階段還不夠圓滿：基督教原本是一個小

社羣，個人有加入與退出的自由，但一旦成為了國教，它卻犧牲了原來的寬容和友愛，信仰也轉變成為法律。基督公教消解了羅馬時代的主奴敵對，但卻因為它自身的發展還不成熟而創造了新的敵對關係：神聖者與罪人。但是，黑格爾並沒有一味譴責教廷刻意強化這種關係來控制平民，因為他認為，精神此時的高度還只能在個體性與普遍性之間游離——教會提倡的禁慾主義與捨棄財產，便是對個體性的奴役。這種對個體性的壓制又促使新教改革的爆發。在馬丁路德「因信稱義」的概念中，普遍性與個體性結合起來，個體不再需要外部權威去承認他，他能透過自己的理性來承認自己與上帝（絕對者）的關係，換句話說，這個個體的人也知道自己有普遍性的能力。但是更高的精神代表（新教）並不是一起步就成為世界之主，它仍然要跟低一級的精神代表（公教）鬥爭。歐洲的宗教戰爭與殖民地搶奪戰又是各國自己不能消解的矛盾，直到法國大革命爆發與拿破崙崛起才得以使帝國專制消滅，將「平等」與「個體自由」精神立入法典。

黑格爾的歷史觀包含了「正—反—合」的色彩，但我們看到，辯證法並不是一個毫無原則的「和事佬」，強要把衝突抹平。辯證法恰恰表現了，歷史發展就是不斷的悲劇，是實存的人生死相搏的殘酷過程，而發展的結果卻是敵對雙方都同歸於盡——被精神的新階段所揚棄。精神的發展使舊的敵對關係消解，但它在滿足於新的自由不久後，卻又發現自己包含着更激烈的新敵對關係。那麼歷史會完結嗎？從理念

來看，精神的目標在於回復自己自由和統一的地位，而一旦每個人都是自由而又能互相滿足，歷史便發展到終點。但從現實來看，人類的國族衝突、社會的貧富懸殊、個人對集體的恐懼等狀況，都不可能讓人自滿停留。黑格爾亡故後的世界發展，一方面反映主體與客體的分裂達到了更白熱化的地步，另一方面卻啟示精神的下一波發展將會是更自由的階段。

參考書目

中文著作（按姓氏筆畫序）

文哲（Christian Helmut Wenzel）著，李淳玲譯，《康德美學》，
　　台北：聯經出版。

北京大學哲學系外國哲學史教研室編譯，《古希臘羅馬哲學》，
　　北京：商務印書館。

北京大學哲學系外國哲學史教研室編譯，《西方哲學原著選讀（上下卷）》，
　　北京：商務印書館。

休謨著，關文運譯，《人性論（上、下）》，北京：商務印書館。

休謨著，呂大吉譯，《人類理智研究》，北京：商務印書館。

先剛著，《柏拉圖的本原學說：基於未成文學說和對話錄的研究》，
　　北京：生活・讀書・新知三聯書店。

朱高正著，《朱高正講康德》，北京：北京大學出版社。

色諾芬著，吳永泉譯，《回憶蘇格拉底》，北京：商務印書館。

吳增定著，《斯賓諾莎與理性啟蒙》，上海：上海人民出版社。

李國山、王建軍編著，《歐美哲學通史（古代哲學卷）》，天津：南開大學出版社。

李國山、王建軍、賈江鴻編著，《歐美哲學通史（近代哲學卷）》，
　　天津：南開大學出版社。

汪堂家、孫向晨、丁耘著，《十七世紀形而上學》，北京：人民出版社。

貝克萊著，關文運譯，《人類知識原理》，北京：商務印書館。

貝克萊著，關文運譯，《視覺新論》，北京：商務印書館。

亞里士多德著，李匡武譯，《工具論》，廣州：廣東人民出版社。

亞里士多德著，吳壽彭譯，《形而上學》，北京：商務印書館。

亞里士多德著，苗力田、徐開來、余紀元、秦典華、顏一等編譯，
　　《亞里士多德全集（十卷本）》，北京：中國人民大學出版社。

亞里士多德著，張竹明譯，《物理學》，北京：商務印書館。

亞里士多德著，吳壽彭譯，《政治學》，北京：商務印書館。

亞里士多德著，方書春譯，《範疇篇.解釋篇》，北京：商務印書館。

周憲著，《美學是甚麼》，北京：北京大學出版社。

俞吾金、汪行福、王鳳才、林暉、徐英瑾著，《德國古典哲學》，
　　北京：人民出版社。

冒從虎、王勤田、張慶榮編著，《歐洲哲學通史（全二卷）》，
　　天津：南開大學出版社。

柏拉圖著，王曉朝譯，《柏拉圖全集（全四卷）》，台北：左岸文化。

柯普斯登著，胡安德譯，《多瑪斯思想簡介》，台北：聞道出版社。

柯普斯登著，莊雅棠、陳俊輝、傅佩榮校，《西洋哲學史》第二至三卷，台北：黎明文化事業公司。

洛克著，關文運譯，《人類理解論（上、下）》，北京：商務印書館。

洛克著，瞿菊農、葉啟芳譯，《政府論（上、下）》，北京：商務印書館。

倪梁康著，《自識與反思》，北京：商務印書館。

孫振青著，《康德的批判哲學》，台北：黎明文化事業公司。

康德著，鄧曉芒譯，楊祖陶校，《判斷力批判》，北京：人民出版社。

康德著，李秋零譯，《判斷力批判》，北京：中國人民大學出版社。

康德著，鄧曉芒譯，楊祖陶校，《純粹理性批判》，北京：人民出版社。

康德著，李秋零譯，《單純理性限度內的宗教》，北京：商務印書館。

康德著，苗力田譯，《道德形而上學原理》，上海：上海人民出版社。

康德著，鄧曉芒譯，楊祖陶校，《實踐理性批判》，北京：人民出版社。

梯利著，伍德增補，葛力譯，《西方哲學史（增補修訂版）》，北京：商務印書館。

笛卡兒著，關文運譯，《哲學原理》，北京：商務印書館。

笛卡兒著，管震湖譯，《探求真理的指導原則》，北京：商務印書館。

笛卡兒著，龐景仁譯，《第一哲學沉思集》，北京：商務印書館。

笛卡兒著，賈江鴻譯，《論靈魂的激情》，北京：商務印書館。

陶濤著，《城邦的美德——亞里士多德政治倫理思想研究》，上海：三聯書店。

傅偉勳著，《西洋哲學史》，台北：三民書局。

沙倫·M. 凱、保羅·湯姆森著，周偉馳譯，《奧古斯丁》，北京：中華書局。

斯賓諾莎著，賀麟譯，《知性改進論》，北京：商務印書館。

斯賓諾莎著，馮炳昆譯，《政治論》，北京：商務印書館。

斯賓諾莎著，賀麟譯，《倫理學》，北京：商務印書館。

斯賓諾莎著，溫錫增譯，《神學政治論》，北京：商務印書館。

程煉著，《倫理學導論》，北京：北京大學出版社。

愛德華·策勒爾著，翁紹軍譯，《古希臘哲學史綱》，上海：上海人民出版社。

萊布尼茨著，陳修齋譯，《人類理智新論（全二冊）》，北京：商務印書館。

萊布尼茨著，段德智譯，《神正論》，北京：商務印書館。

萊布尼茨著，錢志純譯，《單子論》，五南圖書公司。

萊布尼茨著，陳修齋譯，《新系統及其說明》，北京：商務印書館。

漢娜·鄂蘭（Hannah Arendt）著，羅奈爾得·貝納爾（Ronald Beiner）編，曹明、蘇婉兒譯，《康德政治哲學講稿》，上海：上海人民出版社。

馮契主編，《哲學大辭典》，上海：上海辭書出版社。

黃振華著，《論康德哲學》，台北：時英出版社。

黃頌傑、章雪富著，《古希臘哲學》，北京：人民出版社。

黑格爾著，賀麟譯，《小邏輯》，北京：商務印書館。

黑格爾著，范揚、張企泰譯，《法哲學原理》，北京：人民出版社。

黑格爾著，朱光潛譯，《美學（第一卷）》，北京：商務印書館。

黑格爾著，《哲學史講演錄（全四卷）》，北京：商務印書館。

黑格爾著，楊祖陶譯，《精神哲學》，北京：人民出版社。

黑格爾著，先剛譯，《精神現象學》，北京：人民出版社。

奧古斯丁著，吳宗文譯，《天主之城》，台北：商務印書館。

奧古斯丁著，周士良譯，《懺悔錄》，北京：商務印書館。

葉秀山著，《哲學要義（修訂版）》，北京：北京聯合出版公司．後浪出版公司。

董濱宇著，《康德《純粹理性批判》（第2版）中「先驗演繹」結構研究》，
    北京：人民出版社。

靳鳳林著，《道德法則的守護神》，保定：河北大學出版社。

赫費（Otfried Höffe）著，鄭伊倩譯，《康德：生平、著作與影響》，
    北京：人民出版社。

趙敦華著，《西方哲學簡史（修訂版）》，北京：北京大學出版社。

趙敦華著，《基督教哲學1500年》，北京：人民出版社。

鄧曉芒著，《古希臘羅馬哲學講演錄》，北京：京華出版社。

鄧曉芒著，《康德哲學諸問題》，北京：生活．讀書．新知三聯書店。

鄧曉芒著，《康德哲學講演錄》，桂林：廣西師範大學出版社。

霍布斯著，黎思復、黎廷弼譯，《利維坦》，北京：商務印書館。

摩西・邁蒙尼德著，傅有德、郭鵬、張志平譯，《迷途指津》，
    濟南：山東大學出版社。

韓水法著，《康德物自身學說研究》，北京：商務印書館。

中文論文

張鼎國，〈文本與詮釋：論高達美如何理解康德《判斷力批判》〉，
    《中央大學人文學報》第34期（2008年4月）：頁63-95。

外文著作（按英文字母序）

Deleuze, Gilles. Kant's Critical Philosophy: The Doctrine of the Faculties.
    Trans by Hugh Tomlinson and Barbara Habberjam.
    Minneapolis,MN : U. of Minnesota Press.

Fichte, Johann Gottlieb, The Science of Knowledge, edited and translated by
    Peter Heath and John Lachs, Cambridge: Cambridge University Press.

Gadamer, Hans-Georg. Truth and method. 2nd, rev. ed., trans. by
    Joel Weinsheimer and Donald G. Marshall. London; New York: Continuum.

Guyer, Paul ed. Kant's Critique of the Power of Judgment:
    Critical Essays. Lanham, Md.: Rowman & Littlefield.

Kant, Immanuel, Critique of Pure Reason, translated and edited by
    Paul Guyer and Allen W. Wood, Cambridge: Cambridge University Press.

Kant, Immanuel. Critique of the Power of Judgment. Ed. by
    Paul Guyer, trans. by Paul Guyer and Eric Mathews. Cambridge and
    New York: Cambridge University Press.

Makkreel, Rudolf A. Imagination and Interpretation in Kant:
    the hermeneutical Import of the Critique of Judgment. Chicago:
    University of Chicago Press.

Reinhold, Karl Leonhard, Beyträge zur Berichtigung bisheriger
    Missverständnisse der Philosophen, vol. 1 and 2, edited and with an
    introduction by Faustino Fabbianell, Hamburg: Meiner.

Russell, Bertrand, History of Western Philosophy, London: Routledge.

Schelling, Friedrich Wilhelm Joseph. Ideas for a Philosophy of Nature:
    as Introduction to the Study of this Science, translated by E.E. Harris and
    P. Heath, introduction R. Stern, Cambridge: Cambridge University Press.

Schelling, Friedrich Wilhelm Joseph, Sämmtliche Werke, ed. K.F.A. Schelling,
    I Abtheilung Vols. 1-10, II Abtheilung Vols. 1-4, Stuttgart: Cotta, 1856-61.

Toscano, Alberto. The Theatre of Production: Philosophy and Individuation
    between Kant and Deleuze. Basingstoke: Palgrave Macmillan.

Zuckert, Rachel. Kant on Beauty and Biology: an Interpretation of the
    Critique of Judgment. Cambridge: Cambridge University Press.

外文論文（按英文字母序）

Garcia, Marcela, "Schelling's Late Negative Philosophy: Crisis and Critique of
    Pure Reason", Comparative and Continental Philosophy, 3:2, 141-164, 2011.
    doi:10.1558/ccp.v3i2.141

Kahl, Judith and Whislter, Daniel (Trans.), "On the True Concept of
    Philosophy of Nature and the Correct Way of Solving its Problems",
    Pli 26, pp. 24-45, 2014.

Vater, M., "F. W. J. Schelling: Presentation of My System of Philosophy (1801)".
    The Philosophical Forum, 32: 339–371. 2001. doi:10.1111/0031-806X.00073

香港01是甚麼？

從0到1，由無到有，是一種質的變化。

互聯網每刻產生新事物，在這個迅速發展和轉型的年代，香港正在尋找適應這種變化的步伐。

要和這個時代同步，我們必須要超出對傳統媒體的想像。

在互聯網應用下，它不再僅限於發放訊息，甚至能產生一種既是產業，又能連結社會的傳播體系。

就是從這種本質上變化，進入01的時代。